ESTA BIEN. ESTAR MAL

Psicólogo Martínez

Positivismo verdadero que te ayudara a florecer en medio de la adversidad

Lic. Róger Alfredo Martínez

INDICE Página

1. Prologo ---3

2. Introducción -- 5

3. El positivismo que no ayuda--8

4. El problema de nuestra generación ------------------------------ 16

5. Pesimismo estratégico o defensivo-------------------------------26

6. Test de pesimismo defensivo ---------------------------------------33

7. Pesimista Catastrófico -- 34

8. Tomar decisiones, ¿con la razón o emoción? ---------------- 40

9. Pesimismo como estrategia contra la ansiedad ------------- 50

10. Discapacidad Emocional -- 52

11. Está Bien, Estar Mal -- 60

12. Lo Positivo de Ser Negativo---73

13. Cuatro pasos para el éxito -- 79

14. Por qué amar tus errores te llevará al éxito ------------------81

15. Metáfora del autobús y los pasajeros -------------------------85

16. Conclusión -- 88

17. Servicios de Psicólogo Martínez --------------------------------89

1. PRÓLOGO

En su primer libro, “Personas ordinarias, mentes extraordinarias”, el licenciado Roger Alfredo Martínez, ayuda al lector a cambiar su forma de ver la vida, a aprender a sobrevivir al mismo tiempo que aprende a vivir. Para mí, es un privilegio escribir este prologo ya que de esta forma puedo transmitir todo lo positivo que esa obra me transmitió y como la he podido aprovechar en mi trabajo como psicóloga.

En cada capítulo de dicha obra, el autor, ofrece herramientas para que el lector alcance las metas propuestas. Incluso, previamente a ese proceso, que el lector se plantee metas en caso de que no las tenga. El día a día en el que vivimos, nos llena de situaciones estresantes o dolorosas que pueden hacer que perdamos nuestras metas vitales. De esta forma, a través de sus líneas, el lector reconoce sus capacidades, por medio de un proceso de autoevaluación, al verse reflejado en cada una de las situaciones que se van presentando.

Uno de los aspectos que me gustaría destacar más de esa obra, es la veracidad de las situaciones narradas, adaptadas a nuestro día a día, saliéndose de la “moda” o “avalancha” actual de libros de autoayuda que prometen cambiar la vida, pero al fin no llegan a aterrizar en las realidades del lector.

De igual forma, con este segundo libro “Estar bien, estar mal”, el autor introduce al lector en un mundo de emociones que sentimos todos los seres humanos, por el hecho de ser seres sociales, por naturaleza y que en ocasiones se nos hace tan difícil controlar. El lector aprenderá a conectar con sus emociones para de esa forma, poder aceptarlas y controlarlas y así alcanzar un estado emocional adecuado para sobrevivir a las duras situaciones que en nuestra época se dan. Además, ofrecerá al lector consejos sobre cómo romper con miedos, estigmas y falsos optimismos que dificultan estos procesos emocionales.

Hace ya más de 5 años, tuve el placer de ser parte del proceso universitario de Roger Alfredo. Parte de ese proceso de crecimiento y aprendizaje en el que hubo sobre todo una actitud de superación y alcance de metas. A pesar de las dificultades, Roger siempre salió adelante, sin depender de nada ni nadie y eso es lo que le da el prestigio como psicólogo que actualmente tiene. Destacó por su carisma, su personalidad y sus aportaciones en mis clases. Actualmente, confío en el trabajo de mi colega y trabajo en coordinación con él. Se que mis pacientes, con él, están en buenas manos.

Si usted, lector, en algún momento de su vida ha sentido falta de ganas de seguir luchando, baja autoestima, tristeza, negativismo, estrés, dificultad para expresar emociones… no deje de aprovechar esta oportunidad para cambiar, no deje de aprovechar esta oportunidad para dejar de estar mal y estar bien. Aproveche esta oportunidad y disfrute de la obra.

Patricia Fernández
Psicóloga de nacionalidad española
Directora en Centro Infantil de Desarrollo "Corazón Contento"
Granada, Nicaragua.

2. INTRODUCCION

Mucho se habla acerca de la inteligencia emocional en este tiempo. Pero tal pareciera que esta solo tuviera que ver con el optimismo, la alegría, sorpresa, diversión, al punto que nos hemos vuelto temerosos de la tristeza, de la ansiedad, del miedo y de todas aquellas emociones que nos suponen un malestar. He notado que entre profesionales y personas en general, se ha puesto mucho énfasis en la felicidad, en el pensamiento positivo y en la autoestima, que corremos riesgo de olvidar que para ser personas plenas necesitamos aprender a sobrellevar también los momentos difíciles.

Sabemos que las emociones que las personas llaman "positivas", son más disfrutables y las aceptamos sin reparos, pero también es absolutamente normal sentirnos invadidos de vez en cuando por el pesar, o agobiados de angustia, duda o desilusión. La situación aquí es como ir adquiriendo la inteligencia emocional necesaria, para poder lidiar con estas últimas. He comprobado que ignorarla es el único recurso que usan las personas como medida para no afrontarlas, no parecieran conocer más opciones para trabajarlas, es más les aterra el simple hecho de pensar en aceptarlas y tratar de convivir armoniosamente con todas ellas. Por eso no se conocen totalmente.

Estas emociones tienen algo que enseñarnos acerca de nosotros mismos, y sin ellas jamás sabríamos lo que es la felicidad, ni tampoco como actuamos cuando estamos felices. De la misma manera conocer bien nuestra forma de ser con cada una de las "otras" emociones (porqué a veces ni queremos mencionarlas) nos permite tener más control de lo que hacemos para evitar las acciones que las disparan. Eso es autoconocimiento, base sólida para la inteligencia emocional.

Cuando nos sentimos tristes o desanimados, llegamos a pensar que la vida es cruel o injusta, así que es fácil entender por qué, en esos momentos, la felicidad nos parece la mejor meta de vida o el estado “natural” por alcanzar. Sin embargo, eso pasaría por alto una importante verdad sobre la experiencia humana, la tristeza es una emoción tan autentica como la felicidad. Los momentos de dicha y alegría, y también la sensación más profunda de bienestar que a veces nos envuelve, solo tienen sentido porque representan un contraste directo con nuestras experiencias de decepción, sufrimiento y tristeza, o incluso con esos momentos en que nos sentimos atrapados en una terrible rutina.

En lugar de mejorar, creo empeoramos las cosas cuando ponemos demasiado énfasis en el pensamiento positivo, y no el suficiente en vivir con valentía, bondad e incluso con nobleza ante todos estos cambios y adversidades. Hay una obsesión por el control, tendemos a considerar la dicha como una señal de que tenemos todo controlado, lo cual implica que la tristeza indicaría lo contrario, como si pudiéramos elegir estar felices o tristes.

Podemos decidir hoy ser felices, pero eso implica que debemos pensar en forma realista, lo cual significa comprender que la riqueza de la vida radica en una interacción constante entre luces y sombras. Entonces en medio del valle de las sombras, es donde nos aferramos a la decisión de felicidad que hicimos temprano, ya que nada ni nadie, ni la situación más oscura nos la puede arrebatar, entonces allí cumple su propósito esa decisión.

¿Cómo puedo hacer para producir un estado emocional positivo en alguien que está pasando por una adversidad, una pérdida o una desilusión? ¿Llevándolo a pasear? ¿Sacándolo a fiestas? ¿Cómo? Las estrategias anteriores logran poco impacto cuando la persona no se ha dado a la tarea de aceptar el momento y lo que conlleva emocionalmente vivirlo, para finalmente salir de el con más sabiduría sobre el mismo. Alguien dijo: “Sanamos de un sufrimiento solo al experimentarlo en su totalidad”

Te aseguro que el mayor crecimiento y desarrollo como seres humanos, de muchísimas extraordinarias personas, han provenido del dolor y del pesar, no del placer. Así que, cuando necesitamos sentirnos tristes, es un error tratar de apresurar el proceso de sobrellevar nuestro sufrimiento, decepción o pena. La felicidad por lo general nos llega en momentos súbitos y fugaces; en cambio, asimilar nuestras emociones más sombrías nos lleva tiempo.

Por eso espero que entre los títulos de este libro encuentres el impulso que te lleve a vivir plenamente con mucha felicidad, pero no me refiero con esto, a una vida de placeres sensoriales, ni tampoco a una existencia desligada de la realidad por la falsa creencia de que las cosas son (o deberían ser) mejores de lo que son realmente. Este concepto de felicidad se acerca mucho más a la idea de plenitud, que olvidamos comprender como todo el bagaje de emociones, pensamientos, ideas, sensaciones que nos constituyen como seres humanos, no solo la parte "bonita", ni tampoco a ese sentimiento a menudo autocomplaciente y basado en el placer que mal-llamamos felicidad, que se basa principalmente en cosas externas y materiales.

Plenitud e inteligencia emocional significa vivir en armonía con la razón y con la emoción, que nos ayudará a conocernos y esto te guiará a saber quién eres y cómo eres, encontrar tu sentido de propósito, cumplir con tus deberes, cultivar la virtud, ser real, honesto, sincero, comprensivo, amoroso y tolerante contigo mismo, con las personas a tu alrededor y con el mundo, el cual será a consecuencia de esto un lugar mejor porque todos comprenderemos que está bien, estar mal.

Psicólogo Martínez
www.psicologomartinez.com
Facebook: Psicologo Martinez
Twitter: @PsicologoCli
WhatsApp: +50585849784

3. El positivismo que no ayuda

Hay un positivismo inmaduro que nos trae efectos negativos en nuestra vida y conducta, por eso no comprendemos el porqué de nuestras cosas y es ese que dice que solo debes enfocarte en lo positivo, pero, cuando nos negamos a recibir y trabajar lo que llamamos negativo, para convertirlo en lecciones que nos irán transformando en personas sabias y adiestradas, para enfrentar adversidades mayores, es cuando te frustras y te deprimes, por que las cosas no te salen a cómo quieres, por más energía y pensamientos positivos que le lances al "universo", es un esfuerzo contra la naturaleza verdadera del mundo, es como nadar contra el flujo normal de los eventos que la vida nos va dando, para que te conviertas en una persona cada vez más fuerte y valiente, en una persona con mente extraordinaria, aunque por fuera sigas luciendo ordinaria.

En la bandeja de noticias de una de mis redes sociales, encontré con un comentario de una chica, que había leído una publicación de otra, sobre un evento donde hubo un intento de abuso de por medio, esta le decía a la escritora: ¿De qué te sirve recordar cosas así en tu vida? uno recuerda lo bueno, esa es la energía q tienes q atraer a tu vida, lo bueno, lo bonito, lo malo se olvida. Recordar es volver a vivir, bien dicha es esa frase y pues no creo quieras vivir en tu mente esa historia tan horrenda que viviste. Mientras leía el comentario lo relacionaba con el tema de este libro que casualmente lo estaba escribiendo, y me dije: realmente lo malo no se olvida, la mente usa mecanismos de defensa para ocultarlo o negarlo, pero no desaparece solo porque no pensamos en ello. Y en el lugar donde la mente lo guarda que yo le llamo la oscura bodega de lo que no nos gusta, el inconsciente, allí está mucha de la fuerza de nuestra conducta. Como no lo procesas en alguna forma, entonces este episodio lo manifiestas proyectando hacia tu exterior en todas tus interacciones con el mundo, tus miedos, carencias e inseguridades, que al final te lleva a preguntarte ¿Por qué soy así?

Es más fácil que te sientas mejor por lo que haces, que actuar mejor por lo que sientes o por lo que oculta tu mente para no sentir, que dejes de pensar en lo negativo realmente no lo aleja de tu panorama, sino que lo enmascara manifestándose en tu conducta contigo mismo y en tus relaciones con los demás.

En los últimos tiempos, pareciera que la única solución a todos los males es tener una "actitud positiva". El pensamiento positivo vende libros de autoayuda, consagra pseudo-terapeutas y llena los muros de muchas redes sociales, de frases hechas tan bienintencionadas, pero sin efecto alguno sobre el cambio vital y real. ¿Te ha pasado que una frase o pensamiento te emociona, pero a la hora de la verdad no accionas?

El verdadero pensamiento positivo tiene mucho más que ver con comportarse valientemente, a que solo limitarse a pensar positivamente. En este particular, se le ha atribuido al padre del Psicoanálisis, Sigmund Freud la siguiente frase: "estamos hecho de carne, pero tenemos que vivir como si fuéramos de hierro" lo que quiere decir, que debes de revestirte de una armadura de fortaleza y de valentía, para poder realmente vivir una vida que valga la pena y la alegría vivir, a pesar de la borrasca.

En la era que nos encontramos, hemos avanzado muchísimo en el área tecnológica y digital, pero siento que hemos retrocedido grandes espacios, en cultivar las áreas del ser humano importantes, como lo son las que tienen que ver con todo lo emocional del mismo. Realmente veo que se ha convertido en una tarea inmensamente titánica para muchos, el encontrar bienestar y positivismo en medio de las circunstancias, por más o menos adversas que estas sean.

Llenamos las redes sociales de mensajes positivos, encontramos frases de discutida autoría cargadas de positividad. Hasta aquí muy bien, pero ¿para qué?

¿Que conseguimos con tantas frases positivas? ¿De qué sirve el pensamiento positivo si se queda ahí? Es como letra muerta, es como que, si esperamos que todo se resuelva a partir de realizar un conjuro mágico, realmente nos quedamos solamente con el impulso emocional, que nos causa leer una frase, que calza milagrosamente con la situación que estamos viviendo.

Y es que, desgraciadamente en muchas ocasiones, este tipo de pensamientos sirven únicamente para convertirte en alguien muy positivo en la palabra, pero no en como realmente te sientes, es como una píldora para la fiebre, pero no para la infección. Muchos de los pensamientos positivos que lees y compartes, nada tienen que ver con tu comportamiento.

Leía no hace mucho, que lo importante no es si la botella está medio llena o medio vacía, sino que lo importante es si la estas llenando o la estas vaciando. Posiblemente esta sea la esencia del lado oscuro del pensamiento positivo. Lees, piensas, pero luego no actuas positivamente, sino que sigues siendo esclavo de estados de ánimo negativos, que utilizas como excusas para abandonar tus objetivos.

El pensamiento positivo, puede convertirse en la guarida perfecta para aquellos que no quieren enfrentarse a las dificultades inherentes a la vida. Transforman el verdadero pensamiento positivo, en la versión superficial y superflua de la vida. Negar las dificultades y hacer huidas de ellas, no es quedarse solo con lo positivo, es ser cobarde.

El pensamiento positivo, sin un comportamiento positivo coherente, es una gran mentira. Y un comportamiento positivo se construye, desde la aceptación de aquello que no puedes decidir, de aquello que nunca podrás cambiar y de la actitud con la que tú te llenes, para enfrentar una situación adversa, que en muchas ocasiones ni siquiera has elegido.

Ser optimista, pero carecer de un plan riguroso, estructurado y bien diseñado es el camino perfecto para vivir esa mentira positivista actual. Y vivir así, tarde o temprano, se viene todo abajo irremediablemente. Es cuestión de tiempo. Vas a colapsar tarde o temprano, toda esa energía positiva va a ir dejando de tener sentido, las cosas seguirán igual, no veras cambios por más que te esfuerces en tener pensamientos positivos que se suponen, atraen situaciones, cosas o medios que deban ayudarte, dije bien, se supone, porque al final nada de eso llega. Tener objetivos bien diseñados, ser disciplinado y persistente es más importante que tan solo tener intenciones positivas y pocos o ningún acto coherente.

Al igual que no tener enfermedades nunca es sinónimo de estar sano, carecer de pesimismo no es ser optimista. Ser optimista tiene mucho más que ver con conseguir que nuestra mente disponga de una "ventaja de felicidad, es decir, que funcione en positivo con más frecuencia que en negativo. Y para conseguir que el cerebro trabaje de esta manera hay que entrenar a diario y con mucha consciencia. ¿Y cómo se entrenan los militares? Con obstáculos, de la misma manera los deportistas, para que a nivel físico estén listos a la competencia, que nunca es fácil. Pero si cada vez que aparece la tristeza, la ansiedad, el miedo te dejas paralizar y quisieras que alguien más apareciera y resolviera tu situación, entonces estas dejando a un lado la oportunidad de entrenarte, para adversidades mayores que por consiguiente te conseguirán victorias mayores.

El optimismo guarda mucha más relación con la tolerancia a la frustración y con la resiliencia, que con el hecho de agarrarnos a frases que en realidad calman momentáneamente la preocupación, pero no la desaparece.

Sin embargo, ser capaces de sobreponernos a las adversidades y salir reforzados de ellas, nos regala un entrenamiento valioso para nuestro cerebro, que afrontara con mayor optimismo otras situaciones difíciles. Realmente nunca sabrás de lo que eres capaz de afrontar, soportar y superar si no te das la oportunidad de conocerte a plenitud, cuando estas en medio de una situación difícil, no buscas apoyo profesional tampoco porque no estás loco o porque es demasiado caro, realmente es más caro vivir una vida sin sentido y sin llegar a conocerte y peor aún sin llegar a confiar en ti mismo, eso a la postre si te llevara a la locura y a gastar más en sanarte de lo que hubieras gastado en prevenir enfermarte, yendo adonde un profesional de la salud mental.

Ser optimista es ser valiente, es dar un paso adelante cuando lo cómodo seria quedarte sentado, quejándote por la mala suerte, no apostar por cumplir con tus objetivos, cuando lo que necesitas es decidir esforzarte para conseguirlos.

Menos frases optimistas y más hechos positivos. Mas aceptar que está bien estar mal de cuando en cuando, es más, que es necesario a veces para que te vuelvas a dar cuenta que eres humano y no máquina, construida a base de positivismo infantil, de máscaras que usas frente a los demás que terminan creyendo que eres el fuerte, pero que en la soledad de tu habitación sabes que no es así. Date la oportunidad de descubrir el verdadero positivismo, que aparece en medio de aquellas situaciones, que nos retan a sobrevivir nuestras propias emociones y limitantes, que se van ampliando cuando vamos superándonos a nosotros mismos, cosa que a veces creemos que no podremos hacer, pero que, si es posible, yo te lo aseguro.

Al final te darás cuenta de una cosa cierta, no serán las frases positivas las que te sostendrán en medio de una situación dolorosa, tormentosa y aparentemente sin solución sino la oportunidad que te des de asumir tus emociones, gestionarlas correctamente y aprender de ellas para futuras experiencias, eso es inteligencia emocional y positivismo verdadero, no la búsqueda de una vida sin problemas, a la cual la mayoría llama "una vida perfecta", yo te digo que la vida perfecta es la que viene con dificultades, porque es la que saca lo mejor de ti, en ese nuevo estado podrás ayudarte a ti mismo siempre y te sobrara para ayudar a otros.

El pensamiento positivo vende, no porque funcione, sino porque te trae la idea de que tu vida puede mejorar solo "pensándola". Las personas en la actualidad están tan alienadas que quieren las cosas sin esforzarse ¿estás tú en esa misma sintonía? Hasta cierto punto a algunos les beneficia esto e incluso están interesados a que continúe así, gobiernos que venden ideas de felicidad, ocultan la realidad y ofrecen beneficios por lealtad y veneración, que no requieren verdadera inteligencia y esfuerzo. Las personas prefieren dejar de "ser" por estar cómodos. Al final esto a largo plazo daña a la sociedad y al mismo gobierno que lo promueve, la experiencia así ya lo ha comprobado.

La actitud no se puede considerar una variable única en la victoria sobre tus dificultades, que cada uno puede cambiar a su antojo: "hoy voy a tener una actitud ganadora y optimista" y que con eso te baste para ser ganador y optimista. Eso es lo que hace la mala autoayuda, utilizar estos términos de forma arrojadiza y voluntarista. Yo te digo que lo que eres y lo que haces depende de tu autoestima, de lo capaz que te creas y de tu actitud dispuesta a aprender las lecciones, sin prestarle demasiada atención a los resultados, que muy pocas veces tienes injerencias en ellos. Si te fue bien, entonces ahora sabrás como hacer bien las cosas y seguro pronto las harás mejores, si te fue mal sabrás que no hacer para que te salgan bien en el siguiente intento, es aprendizaje nada más, ensayo y error que debes potenciar. Lo importante aquí es no dejar de intentar. Nunca dejarte vencer. Creer siempre que con cada fracaso se estas más cerca de la gran victoria, es más, cada fracaso es piedra fundamental que va construyendo tu más grande victoria, entonces son acontecimientos necesarios únicamente, que recibes, de los cuales aprendes y que dejas ir, entonces y solo entonces entenderás la función que vinieron a cumplir, de lo contrario te encontraras patinando en el mismo lugar permanentemente por terco.

Lo que eres, lo que haces y como te va depende de cómo te planifiques y organices para ir obteniendo logros y alcanzando objetivos. La fórmula del crecimiento aquí es, cuantos más logros vayas alcanzando, por muy pequeños que sean estos, más seguro de ti mismo te iras sintiendo, pero sentirte seguro no es la razón de ganar, las emociones positivas no son la causa del éxito sino solo su efecto secundario. ¿Comprendes? Primero hacer para luego sentirte bien, no primero sentirte bien para luego hacer. Al menos la primera trae resultados más seguros y te permite seguir avanzando continuamente.

Por eso te propongo que, no hables tanto de actitudes o de pensamientos positivos, sino en pensar lo que tienes que hacer para generarlos. Eso te ayudará a tener base sólida, donde se asiente ese positivismo que ya no será vacío, sino un sistema cíclico de bienestar verdadero. En palabras sencillas, no pongas a la carreta delante de los bueyes, recibe todo porque todo trae aprendizaje, luego que lo asimilas pensaras positivamente sobre ti mismo, lo cual, te dará el combustible para asumir otro aprendizaje mayor y así sucesivamente hasta que nada de lo que pase a tu alrededor, tendrá poder de sacarte la paz y el positivismo verdadero que has alcanzado a partir de vivir tus propias experiencias.

Nadie puede elegir sus emociones a la carta, ni escoger la actitud adecuada porque esos estados son consecuencia de lo que hagas, de lo que te pase y de tu estilo aprendido de vivir y afrontar. Te sientas a cómo te sientas o pienses lo que pienses, terminas resolviendo hacer lo que debes hacer, así sea algo simple como lo que hayas planeado para hoy, o dejar a un lado a esa persona nociva, que no te aporta más que sufrimiento emocional, entonces y solo entonces, aumentan las probabilidades de que las buenas emociones te acompañen, después de un proceso de asimilación de la experiencia dejada por tu actuación, que sabes fue la correcta aunque te haya dolido un poco o mucho. Eso también es amor propio, permitirte conscientemente un dolor temporal (ruptura) por tu propio bien, para no vivir con un sufrimiento permanente (violencia domestica) de tener a alguien a tu lado que no aporta nada bueno a tu vida.

No puedes elegir como sentirte, pero si puedes elegir que hacer para sentirte mejor, ojo si con este enunciado, porque para mí sería muy fácil si vinieras a mi consulta privada, decirte que pienses positivamente en cada situación que me plantees y que te hace sentir mal, que vayas de compras, te acabes tu salario del mes o topes las tarjetas de crédito, eso en cierto modo te hará sentir bien, momentáneamente nada más, porque después veras en tu casa un montón de cosas que no necesitas y te sentirás peor de lo que era al inicio, además del problema económico que te has conseguido, lo mismo pasa con el alcohólico que se “refugia” en la bebida para aliviar el dolor emocional, pero en la resaca paga con creces lo que se negó a admitir y trabajar, eso sería fácil y manipulador de mi parte como profesional de la Psicología, sin embargo lo que trabajamos en sesión, es lo más difícil, que es ayudarte a definir y redefinir objetivos, a prevenir y superar problemas, a gestionar la productividad personal, para convertir en hábitos comportamientos saludables y más efectivos y a comprender que, está bien estar mal a veces también. No pasa nada. Eres humano nada más.

Entonces, ¿el pesimismo no es del todo malo? Bueno, como cualquier cosa que se lleve al exceso, esta puede convertirse en perjudicial, hay un pesimismo que te da cautela y un margen de tiempo anticipado para planificación. Este es el pesimismo estratégico, que no tiene nada que ver con sentirte mal, ni con ser negativo, sino con prever lo peor y que estés preparado para ello por si viene, así tienes más posibilidades de disfrutar de lo mejor siempre y una práctica mental de cómo actuar, ante determinada situación que se pueda presentar a corto, mediano o largo plazo. Ya estarás preparado con estrategias a mano para defenderte. Si no sabes cómo usarlo, entonces sería conveniente visitar un Psicólogo que te muestre la forma correcta de usar esta herramienta mental.

Aceptar que no siempre se puede cambiar una situación o a una persona, es un signo de madurez que puede abrir otras mejores oportunidades para ti.

4. El problema de nuestra generación

De acuerdo a la OMS (Organización Mundial de la Salud), el 80% de las enfermedades en la actualidad tienen manifestaciones psicosomáticas, esto quiere decir que tienen un origen mental. Las enfermedades silenciosas de este tiempo son la ansiedad y la depresión, o sea, los desequilibrios emocionales causados por programaciones mentales inadecuadas e irreales.

Hay una tendencia cada vez más marcada en la ciencia moderna, a aceptar que las enfermedades son padecimientos integrales, que deben también tomar en cuenta entre sus causas la intercomunicación del sistema mente-cuerpo. La forma principal en la que la medicina ha incorporado este factor "mental", tiene que ver con el estrés. Se ha acuñado el término en su acepción moderna, para referirse a aquello que perturba el estado de equilibrio del organismo u homeostasis, bajo la hipótesis de que existe una especie de estado de equilibrio o unidad interior que podríamos llamar salud y que consiste en el balance físico-psíquico-social y no solo la ausencia de enfermedades. Se ha entendido científicamente al estrés, como la respuesta de un organismo que intenta adaptarse a un agente externo que perturba su equilibrio.

La liberación de glucocorticoides (como el cortisol) y neurotransmisores vinculados al estrés (como la noradrenalina), biológicamente tienen la función de protegernos al implementar una respuesta de huida o lucha, la cual es muy útil, al generar químicos que nos permiten reaccionar con velocidad, cuando estamos en una situación de peligro. Este instinto es parte de una herencia biológica que actualmente quizás nos es un poco contraproducente, puesto que no estamos en la época en que a diario el hombre tenía que defender su vida, ante las amenazas de animales salvajes. El problema yace en que liberar estos químicos, coloca a nuestro cuerpo en un estado de extrema (aunque ágil) tensión, lo cual si se repite mucho tiene varios efectos colaterales, el más obvio: la fatiga. ¿Si no te enfrentas cotidianamente a peligros de vida o muerte, porque produces estas descargas hormonales en extremo? Principalmente porque tu mente de cualquier forma encuentra estos peligros. Podríamos decir que la mente se inventa predadores fantasmas, a diferencia de los sobresaltos de la selva que en su intensidad tenían un pronto desenlace, los predadores modernos son generalmente lentos y obsesos roedores psíquicos que no acaban de amenazar y que van mermando nuestro ser.

Hoy sabemos que numerosas enfermedades y padecimientos están directamente relacionados con el estrés, por ejemplo, la ulcera, los problemas del corazón, depresión, migrañas, gripes y problemas respiratorios, estreñimiento y otros problemas digestivos. La mayoría de las enfermedades, están en alguna medida relacionadas con el estrés o factores psíquicos.

Podemos concluir que el estrés, en la actualidad se genera principalmente, debido a la forma en la que la mente evalúa la realidad que lo rodea (un juicio que angustia o una incapacidad de relajarse, de no reaccionar y aceptar los estímulos y la información del medio ambiente sin defenderse) es el factor central en provocar un corto circuito entre las respuestas homeostáticas naturales del cuerpo, interrumpiendo la fluidez de la comunicación celular y los mecanismos de auto sanación (o autorregulación).

Dentro de los estudios de la Psicología, se han encontrado varios factores que inciden en el rompimiento del equilibrio entre las tres partes que componen la salud. Yo me referiré principalmente al aspecto psíquico del mismo, para que juntos analicemos de donde se originan las deficiencias emocionales, que tienen a nuestra sociedad enferma mentalmente hablando y que no le permiten manejar unas defensas adecuadas, para ir adaptándose a las situaciones adversas que se nos van presentando y que también por esta misma silenciosa forma de trabajar la mente, nosotros mismos nos buscamos.

En primer lugar, está la formación que recibimos en nuestra infancia, ya sea que hayamos sido educados en un ambiente funcional en nuestra familia o no. Freud decía que lo que nos sucede en la infancia de alguna manera marca -indeleblemente- el desarrollo de nuestra vida, y es que es cierto que en ese pequeño y tierno espacio de tiempo que es nuestra niñez, las heridas se grabaron con más fuerza. Este mismo autor nos introduce en la mente para que conozcamos del inconsciente, -como decía antes- este se convierte en la fuente de nuestra conducta. Carl Jung, psicoanalista, nos hizo saber que el estigma de lo que nos ocurre, que motiva secretamente todos nuestros actos, es indeleble siempre que cuando permanece inconsciente y no ha sido integrado (reconocido, hablado y aceptado). Por eso Jung decía, que hasta que el individuo no haga consciente la mayor parte de sus detritos psíquicos que lo componen, su vida se desdoblara como una especie de esclavitud de su inconsciente, al cual llamara destino. En palabras más sencillas, hasta que hagas consciente lo que guarda tu inconsciente, este dirigirá tu vida y lo llamaras destino.

Esta generación es difícil de manejar, porque se le acusa de creerse con muchos derechos y exigir tener pocos deberes. Es la generación más narcisista, egoísta, perezosa, de baja autoestima y delicada a nivel emocional. Siempre he dicho que nuestros abuelos se reirían de las adversidades que hoy a esta generación la quebrantan fácilmente, me atrevería incluso a llamarla la generación de la discapacidad emocional. Es la generación que cree saber lo que quiere, pero en realidad no tiene ni la más mínima idea. Quiere cosas solo porque son populares o porque todos lo hacen.

La situación es que, si por alguna casualidad de la vida logran obtener lo que pensaban les haría sentir bien y con propósito, llegan a la conclusión de que aun con lo que consiguieron tener no son felices.

Oigo a muchos padres de familia decir: “Solo quiero que mis hijos sean felices”, siempre que oigo eso me gustaría preguntarles: ¿Eso es todo lo que desean para ellos? ¿En verdad quieren que estén tan privados de emociones? ¿No les gustaría que aprendieran a sobrellevar la desilusión, el fracaso e incluso la injusticia?

Muchos padres con el afán de hacer sentir bien a su hijos y ciertamente también por no molestarse tanto en la crianza, les han hecho sentir demasiado especiales a sus hijos y cada vez que les dan algo solo porque los hijos lo quieren, (creyendo ellos también que así sestan quedando como excelentes padres) les siembran en la mente la idea de que pueden conseguir cualquier cosa que quieran, solo por el simple hecho de que quererlo y si no lo consiguen a la buena lo harán a las malas, por ejemplo con berrinches o auto lastimarse.

Padres que van a las escuelas a pelear por una oportunidad extra para sus hijos para pasar el grado, cuando estos durante todo el periodo lectivo estos jamás estudiaron o entregaron a tiempo sus tareas y los padres mucho menos que les pusieron atención. Llegan pidiendo que se les reciba sus trabajos cuando ya han pasado dos semanas desde que expiro la fecha de entrega e incluso inventan excusas falsas para que el profesor tenga caridad con su pobre e incomprendido hijo. Esto solo impide que los jóvenes se hagan responsable de sus actos, asumiendo las consecuencias que se buscaron y por ende aprender a cargar con ellos mismos, no dependiendo de nada ni de nadie para funcionar adecuadamente, sobre todo, cuando tengan que luchar solos, afuera de la protección parental. En cierto modo están preparando a los hijos para que siempre estén en el nido y no para que sepan volar alto y encumbrarse hacia la gloria que se pueden construir por sí mismos.

Entonces, este grupo de individuos terminan la escuela, terminan la carrera que sus padres eligieron por ellos o que por criterios de fama y buenos ingresos económicos eligieron, mas no por cualidades, habilidades, actitudes y aptitudes. Van al mundo real donde en un instante se dan cuenta que no son tan especiales a como se creían, que su mama no puede conseguirles un ascenso, que no van a conseguir nada si no cumplen con sus obligaciones profesionales y tampoco por el simple hecho de así quererlo. En un instante el mundo al que estaban acostumbrado se rompe y ellos también.

Tenemos una generación que ha crecido con menor autoestima que las generaciones anteriores y esto es notable en las redes sociales, donde aparentemente todos son felices y tienen toda su vida resuelta, cuando la realidad es que hay muy poca fuerza de carácter y de personalidad y por encima de todo eso muy pocos saben con certeza de que se trata la vida en realidad.

Ese espacio virtual se ha convertido en el escenario teatral, donde la sonrisa cubre una depresión, donde una pareja tomados de la mano y sonrientes están a punto de romper con su relación, donde la fiesta, la juerga, la vulgaridad es de lo que aparentemente se trata la vida, entonces si todos allí son felices, también tu y yo debemos hacerlo para ser felices, tomarnos fotos de esos grandiosos momentos, publicándolos para que otros no se den cuenta que al día siguiente estamos solos y deseando no querer seguir viviendo esa mentira.

Esas mismas carencias afectivas y de personalidad, hacen a esta generación buscar aprobación con cada cosa que publican, cuando la obtienen, se sienten realizados. Allí entra en juego también la dopamina que es un químico en el cerebro que nos hace sentir bien, el mismo que entra en juego cuando alguien fuma, bebe, tiene sexo o hace apuestas. En otras palabras, es altamente adictivo.

Por eso cuando recibes un mensaje, se siente bien. Cuando estas triste o te sientes solo, tomas tu celular y envías diez holas a diez "amigos" por qué se siente bien cuando recibes una respuesta. Por eso también cuentas los likes en tus publicaciones, regresas a cada instante a ver si han aumentado, y si no es así, empiezas a preguntarte que hiciste mal o que si ya no les agradas a los que antes les daban likes a cada una de las futilidades que publicabas.

El Estrés Postraumático es una de los trastornos que más se tratan en los consultorios de Psicólogos alrededor del mundo, pero al parecer va a empezar a ser superado, por el trauma causado por haber sido eliminado de la red social de alguien más y peor aún por el estrés postraumático severo causado por haber sido bloqueado.

Cuando somos muy jóvenes la única aprobación que necesitamos es la de nuestros padres, pero cuando crecemos hacemos una transición hacia la búsqueda de aprobación de nuestros pares, algo que frustra a los padres porque sienten que pierden poder sobre sus hijos, pero es algo natural e importante para los hijos. Este proceso nos permite culturizarnos afuera de nuestros hogares y familias, es cuando vamos poniendo en práctica las habilidades sociales en los grupos o "tribus" que nos vamos ingresando. Sin embargo, es un momento altamente estresante y ansioso para nuestras vidas, donde podríamos no aplicar correctamente lo que se supone debimos aprender en el hogar y al no saber lidiar con estas emociones, terminan llevándonos a caer en apegos y dependencias ya sea de personas o sustancias.

Encontramos muchas personas que, al no pasar satisfactoriamente las primeras etapas de sus vidas, no tienen la capacidad de formar relaciones profundas y comprometidas. Estas relaciones profundas no están allí porque nunca practicaron las habilidades necesarias, por ende no aprendieron a que en la vida a veces se toma y a veces se suelta, es así de sencillo, peor aún no tienen los mecanismos para lidiar con el estrés, por eso cuando este aparece en sus vidas, se quebrantan y acuden a conductas nocivas para buscar un alivio que es temporal únicamente, (tomar alcohol, atracarse de comida, autolesionarse, etc.) ya que no se ataca la raíz del problema, porque no entienden y reconocen las lecciones que pueden aprender del fracaso, por estar acostumbrados a querer tener todo siempre a su manera, sin estar consciente que su manera está limitada a un poquísimo entrenamiento acerca de la vida real.

Sumado a la baja autoestima, a la falta de mecanismos de supervivencia para lidiar con el estrés y la ansiedad, tenemos que añadirle a este nefasto coctel una sensación de impaciencia que predomina en esta generación. Están acostumbrados a la gratificación instantánea. Quieren algo van y lo consiguen de la forma que sea porque no saben esperar, se anuncia el lanzamiento de su película favorita, ellos van a la web a buscar la versión pirata porque no pueden esperar los dos meses hasta la premier de la misma, quieren ver su programa de televisión favorito, bien, en la web están todos los capítulos de esta temporada que termina en 4 meses pero que ellos pueden ver en un día sentados frente a la computadora o van al ciber café a pedir que se las descarguen y pongan en un DVD o memoria USB. ¿Cierto o no? No tienen que esperar semana tras semana, todo lo quieren ya porque están acostumbrados a tenerlo ya.

Antes recuerdo que le pedíamos a una chica que fuera nuestra novia, proceso que nos tomó días o semanas para agarrar valor y hacer la propuesta, para cuando lo llegábamos a hacer esta nos pedía una semana para pensarlo y darnos una respuesta, ¿te imaginas cuanta tensión durante esos días? Ahora los chicos no quieren estar en ese mundo incomodo en el cual algunos tuvimos la suerte de experimentar, aunque mientras lo vivíamos no lo sentíamos tan agradable, pero hoy podemos reconocer que nos fue entrenando, lidiar con las emociones que estábamos empezando a conocer y por ende a controlar.

Esta nueva generación no tiene ese entrenamiento emocional en tiempo real, ahora se conocen por WhatsApp y en el mismo día por no decir en la misma hora ya se están enviando fotos íntimas. Eso solo enferma a la mente y la engaña haciéndole creer que todo es así de fácil y terminan creyéndose unos verdaderos casanovas por la galería de sus teléfonos llena de varias personas desnudas. Cuando los pones a presentarse a ellos mismos en persona a otros, se mueren de pena o su forma de hacerlo no son las adecuadas. ¿Te das cuenta que en persona no se te viene a la cabeza sobre qué tema hablar? ¿Pero cuando estas en la pantallita no dejas de textear?

Por ese inmenso deseo de aprobación, de validación, de reconocimiento y de carencias afectivas es que muchos individuos no pueden estar solos, se enredan en relaciones toxicas y llegan al punto de justificar los abusos a los que son sometidos, por el simple hecho de no verse fracasados y solos. Y si los dejan, no se dan el tiempo necesario para vivir el proceso del duelo por la perdida, si no que creen que un clavo saca a otro clavo. Lo que por lógica les trae más dificultades, por que aceptan a la siguiente persona por necesidades afectivas y no por méritos conseguidos por ser alguien que valga la pena tratar.

Para saber todas estas habilidades no existen aplicaciones en tu teléfono o computadora. No todo lo que quieras puedes tenerlo instantáneamente. Debes pasar por el proceso lento, incomodo, doloroso, penoso, muchas veces desgastante pero necesario, para adquirir los mecanismos y estrategias que te ayudaran a conocerte, lo cual te llevara a aceptarte tal cual eres, que como resultado podrás saber cuáles son tus limites personales y no meterte allí por qué vas a sufrir innecesariamente, ya que no estas capacitado naturalmente para eso o cualquier otra cosa que sea. Está bien saber y aceptar que hay cosas que sabes hacer y que te salen súper bien, pero es mejor saber que hay cosas que no puedes hacer porque no te salen bien, entonces eso te previene causarte innecesariamente auto-sufrimiento.

Pero como eres terco y te da miedo reconocer que, así como tienes cosas buenas también tienes cosas malas, que generalmente estas últimas quieres ocultar, porque si los demás las supieran crees que no te aceptarían ni amaran, dado tu baja autoestima y poca sinceridad contigo mismo, te niegas a aceptarte lo que te permitiría dejarte ver con tus colores reales, por eso sufres. Déjame te digo algo que a mí me toco aprender también, no estás aquí para que todos te quieran, esa es una tarea imposible, estas aquí para que los que te quieran, así sean unos pocos, lo hagan de verdad con tus virtudes y defectos. ¡Eso es liberador!

Si deseas crear impacto en tu vida y a tu alrededor debes saber una cosa primordial, nada sucede instantáneamente, debes caerte, debes fracasar, debes aceptar y aprender la lección. Digámoslo así, si te pararas frente a una montaña y la cima es lo que deseas alcanzar, no puedes fijarte con un optimismo inmaduro, solo en la cima, sin ver la montaña. No importa si la vas a subir rápido o lento, la montaña siempre estará allí, así que lo que esta generación necesita aprender al igual que tú, es paciencia, para poder comprender que hay cosas que de verdad importan como la estabilidad emocional, el amor genuino, el éxito personal, éxito profesional, la alegría, el amor por la vida, la autoestima, cualquiera de estas cosas, toman tiempo conseguirlas. Lo que fácil viene, fácil se va.

Vas a avanzar rápido en unas y lento en otras, no importa, lo que importa es que vayas por la montaña mientras practicas la paciencia y que aceptes que el proceso completo es arduo, es largo y difícil. Si eres humilde, buscaras ayuda en personas que ya vivieron estas experiencias, también en aquellos que están profesionalmente capacitados para orientarte y guiarte en aprender estas habilidades, vas a caerte de la montaña y pensaras que la vida es injusta contigo, que no naciste para amar, que solo estas aquí para que otros te usen y eso no es así, debes abrir tu mente como se abre un paracaídas en caída libre, si no lo haces te vas a estrellar dolorosamente, fatalmente.

Esta discapacidad emocional para lidiar con el curso normal y natural de la vida, te lleva siempre buscar salidas más dolorosas que el dolor mismo del proceso de aprender a vivir, como caer en adicciones como el alcohol, las drogas, sexo desenfrenado, autolesiones, dejar la escuela debido a la depresión que estas sumido, por no entender el por qué la vida te trata mal y en el peor de los escenarios pero que lo estamos viendo es un significativo incremento del suicidio.

Tenemos una población viviendo y creciendo a través de la vida sin encontrar ninguna alegría. Nunca encontrarán una realización profunda en su vida o en su trabajo, solo irán por la vida diciendo que todo está bien, gente a la que, si le preguntas, siempre responderán “bien” ¿Cómo te va en el trabajo? Bien, igual que siempre. ¿Cómo te va en tu relación? Bien. Pero ese bien siempre encerrara frustración y enojo, porque nada te sale a como quisieras, porque no estás dispuesto a soltar lo que sabes que no quieres y que no te hace bien, por el miedo a que los demás te vean fracasado. Dependerás mucho de la opinión de los demás y eso es camino seguro a la infelicidad.

La confianza en ti mismo no se forma de la noche a la mañana, ni siquiera los malos momentos se forman instantáneamente, sino que son consecuencia de procesos dejados sin trabajar, que se unen para conformar una enorme dificultad, generalmente ni cuenta te das que estas dejando muchas cosas sueltas, quizás por estar publicando en las redes o por estar soñando con un mundo ideal. Es la constancia lenta pero permanente la que va formando la vida que quieres tener, las sensaciones que quieres sentir y los pensamientos de paz y serenidad que necesitas para sobrevivir este mundo actual de locura.

Debes crear esos mecanismos de paciencia, tolerancia, constancia, perseverancia, que te permitan esas pequeñas interacciones con el mundo afuera de tu mente, que irán formando y cimentando una personalidad estable y sólida para soportar cada vez con más paz momentos de dura prueba.

Como profesional de la Psicología, tengo el deseo de ayudarte a conocer tus limitantes emocionales y mentales, en las que estas estancado y también intentar a través de todos los medios posibles, despertar la consciencia colectiva entumecida por la tecnología y secuestrada por las malas programaciones instauradas en la mente de la gran mayoría, esta generación es la más inteligente, más asombrosa y más idealista que la tierra haya conocido, pero que desgraciadamente, ha perdido la dirección hacia el núcleo de donde inicia y se fundamenta todo lo que pretendamos realizar, las emociones. Allí es donde construiremos la confianza, aprenderemos a ser menos duros con nosotros mismos, a ser pacientes con nosotros mismos y nuestras emociones, a aprender las verdaderas habilidades sociales encontrando un mejor balance entre la vida y la tecnología.

5. Pesimismo Estratégico o defensivo

Encontramos con mucha facilidad las ventajas del optimismo, todos queremos vernos optimistas por fuera, aunque sepamos que por dentro estamos temblando de miedo por lo que nos está pasando. Cuando te preguntan que como vas con el proceso de superar la ruptura amorosa con tu ex, seguramente vas a responder que hace muuuucho tiempo que no piensas en él o ella, cuando en la realidad sabes que no es así. No es muy frecuente escuchar hablar sobre las ventajas del pesimismo, lo cierto es que no es un rasgo de la personalidad que se valore. Sin embargo, aunque pueda parecer políticamente incorrecto o, al menos, sorprendente, hay estudios que demuestran que ambos tipos de mentalidad, optimista y pesimista, pueden ser favorables cuando hablamos de productividad.

¿Por qué algunas personas prosperan, son aparentemente resistentes a cualquier cosa que la vida les arroje, mientras que otras son vulnerables e incluso propensas a problemas serios como ansiedad y depresión?

La mente del pesimista está atraída imperceptiblemente hacia lo negativo mientras que lo positivo es un imán para el optimista. Esto es lo lógico.

Estas diferencias se deben a patrones específicos de actividad dentro del cerebro. Se trata de conjuntos de fibras nerviosas que conectan las dos caras de nuestra mente emocional; nuestro cerebro "pensante" (Razón, lóbulo frontal ubicado en la parte delantera del cerebro detrás de la frente) con regiones antiguas que controlan nuestro primitivo cerebro "que siente" (Emoción, Sistema límbico ubicado debajo de la corteza cerebral), al que algunos científicos han llamado "cerebro reptil".

Optimismo y pesimismo ambos, son esenciales para una vida saludable y exitosa, y son los pesos y contrapesos en estos dos sistemas lo que al final te hacen a ti, tú y a mí yo. En resumen, es nuestra mente racional nos pone a analizar objetivamente una situación y nuestra mente emocional la que le da significado a las cosas, situaciones y personas en nuestras vidas.

En la raíz de lo que cautiva nuestra mente emocional están dos conceptos polares opuestos: miedo y placer.

Estos motivadores biológicos ponen en marcha nuestros circuitos del cerebro pesimista y optimista, que, a su vez, sustentan nuestras mentalidades en ambos polos. Estos sistemas del cerebro infunden nuestra mente con significado, nos hacen conscientes de lo que puede dañarnos, nos alertan sobre lo que podría salir mal, nos dirigen a lo que es bueno para nosotros y resaltan las alegrías y placeres de vivir.

Toma lo siguiente: estás apurado por llegar a una reunión y pierdes el transporte. Te apuras para llegar al lugar, finalmente llegando unos minutos tarde. Cuando entras a la sala, todos te ven, y quien lleva la reunión sonríe y dice: “qué bueno que lograste llegar”.

Pregunta: ¿Está siendo sarcástica? ¿O está feliz de verte? Dependiendo de cómo interpretes esta situación, se puede establecer el tono del resto de tu día.

La buena noticia es que el cerebro humano tiene una capacidad asombrosa de cambiar. Durante años, los neurocientíficos creyeron que, desde una edad muy joven, nuestros cerebros se volvían inflexibles y neurológicamente fijados a su camino. Sin embargo, el campo floreciente de la neuro plasticidad ha anulado por completo esta idea y nos ha mostrado que nuestros cerebros son mucho más flexibles de lo que alguna vez imaginamos.

Y no son sólo cambios superficiales en el nivel de “pensamiento”. Por el contrario, son cambios reales y concretos en la estructura física.

Nuestra relación con nuestras neuronas es orgánica, por supuesto, respondemos a nuestras neuronas, pero nuestras neuronas responden a nosotros, a las cosas que hacemos e incluso a las cosas que pensamos, y eso resulta en cambios observables en nuestro cerebro.

Esta maleabilidad asegura que nuestras experiencias únicas y personales nos proporcionan un cerebro personalizado con su propio conjunto altamente individualizado de circuitos, interruptores y conexiones.

La conclusión es que si cambiamos nuestra cognición (nuestra forma de reconocer, interpretar y aprender el mundo), también podemos moldear nuestros cerebros.

Ejemplo: Londres es un complicado laberinto de cruces y caminos que se han desarrollado a través de los años a lo largo de más de 25.000 calles. No hay una simetría fácil como en Nueva York, con sus patrones horizontales y verticales que facilitan la navegación por calles y avenidas.

Sin embargo, súbete a uno de los icónicos taxis negros de Londres y el chofer te llevará a donde quieras, utilizando la ruta más corta posible.

¿Por qué? Porque cada uno de ellos ha aprobado una prueba de la habilidad para memorizar y navegar espacialmente cada una de las 25.000 calles, conocida como Knowledge (que significa conocimiento, en español).

Ahora, aprender el Knowledge es una cosa. Pero los estudios científicos han llevado las cosas un paso más adelante y mostrado que a medida que los taxistas perfeccionan sus habilidades, su hipocampo (la parte del cerebro que se encarga de la memoria espacial y la navegación) gradualmente se hace más grande. ¡Así es! Mientras más aprenden, más grande se vuelve esta parte de su cerebro.

En otras palabras, las experiencias personales y habilidades modifican la manera en que nuestros cerebros están organizados. Por eso, si te han mantenido en una burbuja de cristal para protegerte, o tú mismo no te has dado la oportunidad de salir de la zona de confort por miedo u otra razón entonces, has impedido a tu cerebro crear nuevas conexiones que te ayudarían en situaciones más complejas que pudieran aparecer, que seguro van a aparecer y para las cuales no estarás listo, te hundirás en depresión creyendo que el mundo es injusto, (lo cual también es cierto) pero sin darte que cuenta que tú has sido injusto contigo mismo, impidiéndote experimentar y aprender cómo sobrevivir a un mundo injusto, cuando aprendes te das cuenta que en medio de esa injusticia, la vida es una fiesta y ya que estas aquí, pues aprendes a bailar debajo de la tormenta.

Lo que es cierto de nuestro conocimiento también es cierto de nuestra mentalidad. En otras palabras: si entrenamos a nuestros cerebros para ser optimistas o pesimistas; para navegar, intencionalmente o no, las calles y avenidas de sentimientos positivos y negativos, cambiamos (así como los choferes de taxi lo hacen con sus circuitos espaciales) los circuitos emocionales en nuestros cerebros que determinan cómo respondemos a las cosas que pasan a nuestro alrededor.

Los genes y el ambiente trabajan juntos para influenciar cómo se desarrollan los circuitos emocionales. En lugar de estar cableados de manera fija, nuestras relaciones sociales y la forma en que vivimos juegan un papel importante en formar y reformar nuestros cerebros. De hecho, hay técnicas basadas en evidencia científica sólida, que nos permiten comenzar el viaje de una postura sobre la vida pesimista hacia una más optimista.

Aunque necesitamos ambos aspectos de nuestra mente emocional para vivir al máximo, hay una evidencia abundante de que una postura de balance entre el optimismo y el pesimismo sobre el mundo, especialmente vinculada con el realismo, está asociada con una mejor salud, más éxito y un sentimiento más profundo de bienestar.

Vivimos en una cultura de la queja, de la crítica y del juzgamiento, que se da al interior de miles de hogares y empresas, en la que los miembros del hogar o los empleados de compañías son llamados a reuniones para ser puestos en la silla del culpable (ni siquiera del acusado), para declamarles todos los errores que ha cometido. Se manifiesta "la profunda preocupación" por una situación u otra, haciendo que todos en la casa e incluso en el vecindario se den cuenta de estos problemas lo cual genera estrés, pánico, burlas, resentimientos y ansiedad.

Y, si a esta pésima práctica, se le mezclan frases como "yo no mantengo gente inútil", "yo no le pago por pensar" como cuando le dice un jefe a su empleado que le critica, se genera un efecto de pesimismo sin salida. Dichas frases, además, lleva a que en realidad la gente no piense, se sienta realmente inútil y aun así se pretende que la persona haga bien su rol, lo cual contiene una gran contradicción.

De acuerdo a los estudios científicos y experimentos hechos en diferentes empresas, el cerebro no puede pensar de forma estratégica, creativa o coherente cuando hay ansiedad, estrés o miedo, ya que se va a su versión más primitiva reptil, en la que está trabajando única y exclusivamente por la supervivencia, para atender necesidades básicas, lo mismo sucede en los hogares. Si una empresa, junta directiva, jefe o colaborador pretende que su gente pueda ser creativa, esfuércese por crear motivación, emoción, compromiso y también análisis de los posibles escenarios trágicos que les ayude a pensar en estrategias para solventarlos si aparecen, así verá que se generan resultados con un excelente clima laboral.

Por muchos años se creyó en un tipo de crianza parental directiva, fuerte y humillante, pero con la llegada de esta nueva generación y además de la tecnología, se empezó a ver la necesidad de un cambio, en el que la crianza y el liderazgo si bien debe ser fuerte se debe ejercer desde el ejemplo, la motivación, innovación y creatividad. El hogar debe ser una escuela de valores, en la que ellos sean promovidos en un clima sano, donde los primeros practicantes de dichos valores son los encargados de ejercer la autoridad. 95% de los diagnósticos de felicidad familiar y organizacional realizados muestran cómo el primer reto al que se enfrentan hoy los hogares y las empresas y que afecta su productividad, es la falta de comunicación asertiva, comunicación afectiva y las relaciones interpersonales que se han cambiado por dispositivos tecnológicos.

Algunas recomendaciones serian primero, modificar el lenguaje, tanto en reuniones físicas como mensajes virtuales: utilizar lenguaje positivo. Hay formas diferentes de plantear retos, expectativas en resultados y de solucionar las diferencias de forma asertiva, sin que se tomen las críticas o sugerencias como algo personal, dejar de hablar sobre los errores y empezar a hablar sobre las oportunidades que hay para mejorar. Segundo, las reuniones familiares dominicales o un día a la semana: los espacios dominicales deben ser utilizados como un espacio de co-creación de soluciones, no de quejas, donde todos puedan ayudar al otro a ver lo que no puede ver de sí mismo, dándoles la oportunidad a los hijos o subalternos decir sin miedo lo que piensan que los padres o jefes no están haciendo bien y muchas veces ellos tienen razón, eso ayuda a cualquier institución ya sea familia o empresas a madurar, crecer y prosperar. Tercero, crear su propio indicador de actitud: muchos padres y empresas pretenden que la gente tenga una buena actitud, pero no se promueve la cultura de la buena actitud, ni tampoco se define qué es o qué se espera de una persona. Cuando se logran establecer las metas, las expectativas, se enseña a todos a tener una actitud positiva y de servicio. Recuerda que fue para eso para lo que llegaste a este hermoso mundo, para tener buena actitud, para ser feliz, por supuesto, cumpliendo tus obligaciones y disfrutar sin abusar de tus derechos.

Para el desarrollo de las teorías sobre esta temática se han realizado muchos estudios, hablare de uno que consistía en el análisis de dos grupos de personas: optimistas estratégicos y pesimistas defensivos.

Los primeros se caracterizan por anticipar resultados positivos y buscar las vías que puedan garantizarlos. Mientras que los pesimistas defensivos consideran todas las posibilidades de lo que podría salir mal antes de sumergirse en un proyecto.

Por lo general, la mayor parte de las personas tendemos a pensar que son los optimistas estratégicos los que mejores resultados obtienen. Sin embargo, este estudio ha concluido que los pesimistas defensivos no tienen un rendimiento menor. Sí establecieron expectativas algo menores o más bajas que los optimistas, especialmente en tareas específicas, por ejemplo, las creativas o las analíticas.

Puede parecer negativo el bajar las expectativas. Pero no lo es tanto. Y es que, precisamente el mantener expectativas más bajas y cercanas, provocó una mayor motivación y esfuerzo en las personas que participaron en este estudio. Sorprendentemente, el pensamiento negativo transformó la ansiedad en acción.

¿Cómo trabajamos en la práctica el pesimismo estratégico o defensivo? El pesimismo defensivo es una estrategia que consiste en pensar siempre lo peor. ¿Y si el tren llega con retraso y no llega a tiempo a esa importante entrevista de trabajo? Bueno, voy a levantarme más temprano y quizás pueda dormir algo durante el viaje. ¿Y si no conozco a ninguno de los invitados de la fiesta? Bueno, no sería malo conocer nuevas personas y practicar mis habilidades sociales. ¿Y si se me olvidan las respuestas de las preguntas del examen final? Bueno, hare ejercicios de respiración para calmar mi mente o puedo relacionar las respuestas con cosas del salón o que llevo conmigo. ¿Puedes pensar en otras preguntas que puedes hacerte y darles posibles soluciones?

Se ha descubierto que mucha gente acaba rindiendo menos cuando se la fuerza a pensar en positivo, ya que los pensamientos negativos son, a menudo, una estrategia para combatir la ansiedad.

Muchas personas han conseguido potenciar el pesimismo estratégico para aumentar su autoestima y avanzar con paso firme hacia la materialización de sus objetivos más ambiciosos. Al mismo tiempo, esta herramienta te permite mejorar muchos ámbitos de tu vida, pero sobre todo el de la consecución de metas a largo plazo, porque aprenderás a dividirlas en pequeñas secciones de la misma que te es más fácil alcanzar, entonces trabajaras de una manera más eficaz. Entonces si vas poco a poco consiguiendo lo que te propones, eso te hará sentir bien contigo mismo, tu auto-concepto mejorará, entenderás que eres capaz de cualquier cosa, siempre y cuando estas se ajusten a tu paso y a tu al proceso lento pero seguro. Sin prisa, pero sin pausa.

6. Test de Pesimismo Defensivo

Piensa en una situación en que te gustaría triunfar. Puede estar relacionada con el trabajo, tu vida social o cualquier otro ámbito que te interese. Antes de contestar, piensa con detenimiento cómo te prepararías para afrontar el reto y valora hasta qué punto se ajusta a ti cada una de las siguientes definiciones.

1. A menudo empiezo imaginándome lo peor, aunque probablemente me salga bien.
2. Me preocupa el modo en que saldrán las cosas.
3. Enumero detalladamente todas las posibles incidencias.
4. Me preocupa no poder hacer realidad todos mis planes.
5. Paso largos ratos pensando en lo que puede salir mal.
6. Pienso en cómo me sentiría si las cosas fuesen mal.
7. Intento imaginarme cómo podré solucionar todo lo que salga mal.
8. Evito excesos de confianza.
9. Dedico mucho tiempo a la planificación.
10. Pienso en cómo me sentiré si todo sale bien.
11. A veces me preocupa más parecer un imbécil que hacerlo bien.
12. Considerar lo que puede ir mal ayuda a prepararme.

Valoración: Falso 1 punto / Verdadero 10 puntos

Cuanto más alta la puntuación más tendencia al PD (Pesimismo defensivo). Si es superior a 50, es un PD (Pesimista defensivo). Si es inferior a 30 es un optimista estratégico. Puede que utilice diferentes métodos según la circunstancia en que se encuentre

7. Pesimista Catastrófico

El problema del pesimismo es cuando esa forma de pensar se traslada lo catastrófico, a lo hipocondriaco, entonces empiezas a vivir con la ansiedad de que todo tú mundo, o aquello que consideras más valioso, se va a venir abajo.

Las personas catastrofistas tienden a convertir un pequeño traspiés o una amenaza en un escenario dantesco. Debido a su facilidad para hacer pronósticos negativos, llegan a crear una crisis de la nada. Veamos algunos ejemplos:

- El celoso que interpreta cualquier contacto social de su pareja como un principio de seducción que acabara en infidelidad o abandono.

- Los inversores que, siguiendo un rumor, se dejan llevar por el pánico y acaban hundiendo las acciones de una empresa.

- El hipocondriaco que, ante cualquier pequeño dolor, se diagnostica enfermedades graves y devastadoras.

- Una persona con suele pensar que sus latidos cardiacos fuertes conducirán a un infarto o que sus dolores de cabeza son el inicio de un accidente cerebrovascular.

- Un hombre habla por teléfono con su esposa quien le cuenta que esta por tomar el transporte público junto con los hijos, el hombre piensa que alguno de los niños puede caer debajo de las ruedas del colectivo y morir.

- Una persona cree que su familia no lo quiere, imagina que en algunos años terminará abandonado, solo y morirá enfermo en algún asilo público para personas indigentes.

Algunos de estos pensamientos podrían venir de un trastorno, como por ejemplo de ansiedad generalizada, depresión, pánico, hipocondría, etc. Entonces es primordial evaluarse para determinar si dicho pensamiento tiene un origen patológico o no.

El gran problema de esta clase de predicciones que viste conmigo anteriormente, es que acaban siendo proféticas, y no precisamente por obra del destino. La misma persona se encarga inconscientemente de que sus peores temores se vean cumplidos.

En los ejemplos anteriores, la pesadez o incluso agresividad del celoso hace que su pareja se harte, y el hipocondriaco puede desarrollar enfermedades reales, por culpa del estrés que le crea el pánico a la enfermedad.

En palabras sencillas, los pesimistas catastróficos suelen pensar, imaginar y creer en los peores desenlaces a sus problemas y dudas, fantaseando muchas veces con escenarios trágicos de sucesos que casi nunca suceden ni a ellos, ni a la mayoría de las personas.

Por regla general, las personas instaladas en el pensamiento catastrófico padecen problemas de concentración, insomnio y ansiedad que pueden llevarles a una depresión. La buena noticia es que es posible detener esa clase de procesos mentales. Pero quiero que veas conmigo antes de nada cuál es su origen.

En primera instancia, millones de años de evolución han dejado en el cerebro humano marcas indelebles, entre las cuales se destaca una facilidad incrementada para reaccionar con miedo ante la ambigüedad y la incertidumbre. Pensemos que eres un cavernícola que, viviendo en un ambiente primitivo, en un entorno natural como un bosque o selva, escuchas un sonido atípico entre los árboles.

El reaccionar con una respuesta defensiva como el miedo, facilitaría tu supervivencia ante la posible presencia de un depredador; opuestamente, una reacción "optimista" tal como continuar adelante sin alertarse podría llevarte a la muerte. Vale decir, en el ambiente arcaico que ha estado presente durante los millones de años de evolución de la vida, el miedo resulta ser una adaptación critica sin la cual no se sobrevive, motivo por el cual hoy tu y yo mostramos esta facilidad incrementada para reaccionar defensivamente ante lo incierto. Ahora bien, sucede que la reacción de miedo implica varios planos y sistemas de respuestas, entre los cuales se encuentra el cognoscitivo, o sea la forma en que interpretas y tomas en tu mente un pensamiento de esta índole, que generalmente solo tiene una opción que es la de ser cierta. He ahí el origen del catastrofismo.

Se trata de la expresión cognoscitiva de una tendencia evolutivamente facilitada. De este modo, pensar en los peores desenlaces posibles facilita la adaptación a un ambiente objetivamente más hostil, donde los peligros resultaban efectivamente más frecuentes que en nuestros entornos modernos; opuestamente, ser positivos y optimistas conllevaba el riesgo de no reaccionar en tiempo y forma a una amenaza que, de ser real, nos dejaba fuera de la cadena evolutiva.

Claramente, todo esto ha cambiado en los entornos modernos y civilizados en los cuales nos movemos la mayoría de los humanos actuales, no obstante, las reacciones primitivas continúan en nuestro cerebro profundo, reliquias de nuestro pasado primitivo.

La pregunta que cabe aquí es, ¿por qué en el pensamiento catastrófico se torna frecuente, intenso y duradero en algunos, mientras que es esporádico, leve y pasajero en otros? Como suele suceder en este tipo de investigaciones mentales, no existe una única respuesta a este interrogante.

Por un lado, la investigación neurocientífica ha documentado que existen diferencias individuales debido a factores hereditarios. En segundo lugar, reaccionar con miedo implica un aprendizaje. Aunque como patrón emocional la respuesta de miedo es innata, lo que si aprendemos es ante que reaccionar y como. Particularmente, las experiencias tempranas de estrés intenso predisponen a una labilidad del sistema emocional. Así, el vivir experiencias infantiles fuertemente estresantes, el vivir en un clima emocionalmente inestable durante los primeros años, deja al sistema más predispuesto a disparar, con más intensidad y frecuencia.

Otro factor crítico en el mantenimiento del pensamiento catastrófico se relaciona con lo que haces cuando tales pensamientos aparecen. Importante decir que, una vez que los pensamientos trágicos han aparecido en tu mente y te sientes ansioso, ¿qué haces?, ¿qué te dices?, ¿cómo lo afrontas? Este tópico tiene especial relevancia con la psicología Clínica, en la cual me especializo, pues mediante terapia podemos trabajar para reducir el fenómeno.

El problema se agrava por el hecho de que, si bien las ideas no son ciertas, si pasa que la frecuencia con la cual las piensas hace que te parezcan subjetivamente más probables, un fenómeno conocido como probabilidad subjetiva o probabilidad heurística.

Nuestro cerebro estima subjetivamente la probabilidad de un suceso de acuerdo con dos tipos de análisis. Uno es el que sigue pautas lógicas y racionales, por ejemplo, las que se deducen de una estadística acerca de que el avión es el medio de transporte más seguro de todos.

Sin embargo, también hay una estimación de la probabilidad basada en las veces en que hemos pensado en cierto hecho, cuanto más lo piensas, más probable lo sientes, independientemente del conocimiento objetivo con el cual cuentas, digámoslo así, tu mente te secuestra el lado lógico y solo te funciona el lado primitivo. Y es por este motivo que si padeces fobia a volar tienes la sensación de que el avión se estrellara, porque simplemente lo has pensado infinidad de veces.

Esto es lo que llamamos probabilidad heurística o subjetiva, un proceso que podríamos resumir diciendo que, en algunas ocasiones, cuando piensas frecuentemente algo, terminas por no distinguir cuanto de ello es objetivamente cierto y cuanto lo has inventado tú mismo o tu mente, mas bien.

Los procedimientos que utilizo como Psicólogo Cognitivo Conductual, son enseñar que debes discutir y combatir los pensamientos catastróficos sobre la base de su evidencia, procurando no efectuar conductas de reaseguro que te tranquilizaran momentáneamente pero que, a largo plazo, perpetúan tu situación. Procuramos en sesión derivar implicancias prácticas de las hipótesis científicas validadas.

Aunque muchas personas son capaces de predecir catástrofes sin haber vivido ninguna, incluyéndote a ti, generalmente este tipo de oráculo, tiene su origen en un accidente o evento traumático que te pasó o que pudiste haber conocido en otras personas, que hace que dejes de ver al mundo como un lugar seguro. Lo malo de estas dinámicas, como ya te he explicado, es que te llevan a descartar todas las opciones agradables y te sitúan en un estado de alerta permanente. Según algunos estudios han demostrado que entre el 60% y el 70% del pensamiento de un individuo, es de índole negativo y pesimista.

Para cambiar el signo de nuestro circuito mental, te propongo tres afirmaciones que se pueden repetir para salir del fatalismo:

1. Esto que pienso no está sucediendo ahora. En este momento estoy a salvo.

2. Pase lo que pase, puedo hacerle frente.

3. Yo y solo yo soy el causante de mi propio sufrimiento.

4. A estas tres declaraciones puedes agregar lo que dice la estadística sobre esta clase de predicciones: la mayor parte de desastres que tememos nunca llegan a suceder.

Cuando se trata de rechazar una emoción, esta se fortalece. Del mismo modo, al aceptarla y analizarla y cuestionarla ¿Por qué me siento así? ¿Por qué has aparecido ansiedad? empieza a perder su poder. Si no has caído en una depresión, hay tres pasos que puedes seguir para liberarte de esta inercia que oscurece tu mirada sobre la vida.

1. El primer paso sería reconocer esta clase de pensamientos en tu espacio mental. Al detectarlos y entender cómo te afectan, pierden buena parte de su fuerza.

2. El segundo paso es aplicar una estrategia para evitar que esa clase de ideas se vayan al extremo. Para ello, la solución es que las disecciones a través de estas preguntas:

- ¿Qué pruebas tengo a favor de la veracidad de estas reflexiones?
- ¿Qué pruebas tengo en contra?
- ¿Tengo este tipo de juicios cuando me siento bien o solo cuando estoy triste, enojado o ansioso?
- ¿Qué le diría yo mismo a alguien que está pensando algo así?

Este ejercicio de exploración te permite desenmascarar el oráculo pesimista catastrófico, con lo que se mitigara la ansiedad a la vez que liberaras espacios para opciones más positivas.

3. Una tercera alternativa es que centres la atención, sobre cada idea catastrofista como una nube que pasa por la conciencia, sin aceptarla ni rechazarla. Se etiqueta como “pensamiento” (es solo un pensamiento catastrófico de esos que tengo pero que ahora sé que no son ciertos y no se harán realidad solo porque lo estoy pensando) y se deja pasar. Con ello menguara su influencia sobre tu estado de ánimo.

4. Evita el contacto con las personas pesimistas y desmotivadoras, ya que esta clase de dinámicas mentales son altamente contagiosas.

8. Tomar decisiones, ¿con la razón o emoción?

Aquí debe de haber un balance entre ambas cosas y esta se logra a través de la experiencia externa-sensorial, fundamentada por lo significados que les vamos dando a dichas experiencias. Influye también los ejemplos que hayamos visto, los mensajes que hayamos percibido y adquirido que se van constituyendo en las normas morales, éticas que adquirimos o no adquirimos del entorno donde te hayas desarrollado. Además, también de una de las formas de aprendizaje del ser humano: el ensayo y el error.

¿Qué debe controlar entonces nuestra conducta? ¿La razón o la emoción? Una senda pregunta, ¿Cierto? Bueno, eso depende de cuánto te conozcas, cuando te hayas estudiado para saber cómo funcionas, de lo que eres capaz y de lo que no eres capaz, siendo tremendamente sincero contigo mismo, para saber que hacer porque lo sabrás manejar y que no hacer, porque tu propia experiencia ya debe haberte mostrado que no eres diestro para dicha actividad y eso está bien, solamente debe demostrarte que eres humano normal y corriente como los demás.

Es que ninguno de nosotros, por más "inteligente" que seamos, estamos exentos de ser saboteados por nuestras emociones, déjame te cuento lo que le paso al gran científico evolucionista Charles Darwin:

Darwin tenía una mente tan analítica que incluso llego a plantearse el amor como una cuestión científica. En 1838, dos años después de haber regresado a Inglaterra tras su épico viaje a bordo del Beagle por el Cono Sur, durante el cual realizo las observaciones que le permitirían sentar las bases de la teoría de la evolución, se planteó que hacer con su vida: ¿buscaba una mujer y se casaba? ¿O mejor se consagraba a la investigación científica? Entonces este naturalista tenía veintiocho años y para tomar una decisión cogió una hoja de papel que todavía se conserva, trazo dos columnas y en la de la izquierda escribió la palabra "casarse" y anoto todos los argumentos que se le ocurrieron a favor del matrimonio. En la de la derecha, listo todas las ventajas de la soltería.

Las razones que el padre de la evolución arguyo eran curiosas. Por ejemplo, para desestimar casarse apunto cosas como "quizás discutir", "menos tiempo para conversar con hombres inteligentes", "tener que hablar con la familia de ella", "no poder leer por las tardes" o "menos dinero para libros". Y a favor, "hijos" o "compañía constante y amistad en la vejez". Tras revisar la lista, acabo concluyendo que, si bien una boda supondría "cosas buenas para la salud de uno", era también "una perdida terrible de tiempo". Así es que decidió que lo mejor sería, comprarse un perro.

Sin embargo, lo que no podía sospechar Darwin era que poco le iba a durar aquel convencimiento. Semanas después su cerebro le iba a jugar una mala pasada. Al cruzarse, quizás por fortuna, quizás por poca fortuna, con su prima hermana Emma Wedgewood, Darwin se enamoró perdidamente, a pesar de haber decidido concienzudamente que el matrimonio no iba con él. Emma se convirtió en el gran amor de su vida y con ella tuvo nada menos que diez hijos. Al cabo de los años, incluso escribió un libro en el que trato de explicar con ojos de científico tal misterio, el misterio del amor.

Lo que Darwin no estimo es que su cerebro tomaba decisiones por el sin que él pudiera remediarlo. En el caso de Emma, había escogido ya mucho antes de que el naturalista ingles pudiera ni tan siquiera, plantearse si su prima Emma le agradaba o no. La frialdad con la que Darwin coloco los argumentos en una balanza era más superficial que real. Y es que las decisiones, a diferencia de lo que se solía pensar hasta hace poco, no se rigen exclusivamente por las leyes de la razón y la lógica. Muchas, la mayoría, son intuiciones que, sorprendentemente, se toman desde la subjetividad. Si, lo has leído bien: buena parte de tus decisiones por mucho que pienses que son fruto de valoraciones concienzudas, son en realidad intuiciones irracionales. De hecho, todo acto consciente, por paradójico que nos resulte, es, en verdad, inconsciente. Aunque raramente se las asocia con nuestra inteligencia, las intuiciones son atajos del cerebro para tomar decisiones rápidas. Se basan en capacidades evolucionadas a lo largo de miles de años y están detrás de la mayoría de nuestras elecciones.

Popularmente se encuentra la idea de que las decisiones hay que tomarlas con "la cabeza fría", no dejándose llevar por las emociones ya que, en este supuesto, nuestra decisión se verá teñida de subjetividad y, en consecuencia, corre un riesgo elevado de no ser una buena decisión. Estudios recientes, niegan esta afirmación. Dichos estudios ponen sobre la mesa la idea contraria: una decisión tomada sin emoción, es altamente probable que sea equivocada. Claro que eso no garantiza que la que tomemos con la emoción presente, vaya a ser necesariamente buena.

Debemos entender una cosa, determinados aspectos del proceso de la emoción y del sentimiento son indispensables para la racionalidad. En el mejor de los casos, los sentimientos nos encaminan en la dirección adecuada, nos llevan al lugar apropiado en un espacio de toma de decisiones, donde podemos dar un buen uso a los instrumentos de la lógica. Nos enfrentamos a la incerteza cuando hemos de efectuar un juicio moral, decidir sobre el futuro de una relación personal cuando en lugar que tu pareja te de paz, tus emociones se mantienen dentro del umbral de lo incómodo y del dolor, ellas te están diciendo que debes salir de allí, sentido común ¿no? La emoción y el sentimiento, junto con la maquinaria fisiológica oculta tras ellos, nos ayudan en la tarea de decidir en todos los asuntos de nuestras vidas y de planificar nuestras acciones en consecuencia".

Solo ahora las ciencias cognoscitivas y la neurociencia aceptan la emoción. Para bien o para mal, la emoción es inherente al proceso racional y de decisión. Aunque esto parece contrariar nuestro instinto, hay evidencias que lo confirman.

La reducción selectiva de la emoción, es por lo menos tan perjudicial para la racionalidad como la sobreabundancia de emoción. Ya no parece tan certero que la razón gane al operar sin el influjo de la emoción. Por el contrario, quizás la emoción ayude a razonar, sobre todo cuando se trata de asuntos personales o sociales que presentan riesgos y conflictos. Lógicamente, si hay trastornos emocionales estos te llevaran únicamente hacia el error. La evidencia neurológica simplemente sugiere que la ausencia de emociones es un problema patológico. Emociones bien dirigidas y bien desplegadas, parecen ser un soporte sin el cual el edificio de la razón no puede operar adecuadamente.

Buena parte de nuestra vida mental es inconsciente y se basa en procesos ajenos a la lógica, reacciones instintivas, ya hablamos acerca de la oscura bodega de la mente. Tenemos intuiciones sobre casi todo, suelen ser decisiones rápidas, casi viscerales, que aparecen en nuestra consciencia sin que sepamos de donde vienen, pero que son tan fuertes que nos impulsan a actuar. Por eso nos enamoramos perdidamente a la primera y no entendemos por qué. Y si eso tiene o no que ver con toda una serie de deliberaciones en nuestro inconsciente, no lo sabemos aún a ciencia cierta, pero lo presumimos y ningún estudio lo ha negado tampoco. A nosotros solo nos llega el sentimiento de "quiero estar con esta persona" y obramos en función de eso. Sin embargo, como decía anteriormente son las mismas emociones las que nos dan alertas de cuando ese enamoramiento paso de lo bonito que se sentía a algo terrible y doloroso. La culpa no es de que, si te equivocaste en elegir o no elegir bien de quien enamorarte, sino de seguir allí cuando ya te disté cuenta que no era lo que parecía ser.

En la mayoría de las ocasiones, esos impulsos o intuiciones nos conducen a la respuesta adecuada. Y es que no se trata de otra cosa que de atajos que tiene el cerebro, estrategias que ha desarrollado durante miles de años para ser más eficaz.

Porque, si realmente tuviéramos que decidir cosa por cosa, punto por punto, poner sobre una balanza pros y contra de cada caso, seguramente, hoy no estaríamos aquí como humanidad. Nos hubiéramos extinguido hace mucho tiempo. ¿Te imaginas si nuestros antepasados, ante la presencia de un depredador, se hubieran parado a razonar sobre qué camino tomar, o si era mejor intentar matar al animal o salir corriendo? La razón permite analizar una situación y todas sus posibles opciones hasta el más mínimo detalle, pero es la emoción quien te ayuda en la toma de decisión. El ser puramente racional se quedaría ahí parado sin capacidad para reaccionar. La razón sin emoción no sirve de nada.

Te puedo afirmar que las emociones te son necesarias para razonar y tomar tus decisiones. Son necesarias, al igual que la razón, para ser lo más eficaces posibles. Razón y emoción van juntas en los principales procesos cerebrales. Somos razón y emoción y ambas se complementan en procesos tales como la toma de decisiones o la planificación. Para una buena toma de decisiones en esencial utilizar equilibradamente y armoniosamente los dos cerebros: el emocional y el racional. Por eso cuando nos dejamos llevar exclusivamente por uno de los cerebros, podemos tener más riesgo de equivocación. Las emociones intensas, pueden socavar la capacidad de una persona a la hora de tomar decisiones racionales, por eso, acabas en relaciones toxicas con personas toxicas que racionalmente sabes que nunca te hubieras permitido llegar hasta donde estas. Por ello ¡sal de allí!

Lo importante aquí es que empieces a conocerte completamente y a aceptarte de la misma manera, así podrás lograr ese equilibrio razon-emocion para darle a ambas la oportunidad de hacer y decidir lo que más te convenga para tu bienestar personal. No podemos separar ambas cosas, por eso está bien estar mal, porque estando mal, puedes sentir como funciona la emoción que te embarga, cuestionarle el por qué llega hasta ese nivel y reconocer cuales son los disparadores de la misma para evitarlos, eso es inteligencia emocional.

Nuestro cerebro toma decisiones constantemente, desde las más simples, como adonde mirar o que pedir en un bar, hasta dilemas morales. Pero elegir sabiamente no es fácil. El cerebro es propenso al error y a la irracionalidad, entendida como el desvió respecto de las normas de la lógica. No pocas veces, buscamos el placer a corto plazo a expensas de consecuencias negativas en el largo plazo. Para bien o para mal, las emociones tienen un gran impacto en nuestras decisiones. El miedo, el amor y el odio explican la mayoría de las situaciones en las que los humanos nos alejamos de la racionalidad.

Aunque la gente crea que las emociones quitan racionalidad, la evidencia neurológica dice lo opuesto: son protectoras y están al servicio del mejor interés (o la ventaja) de quien las toma. Cuando te enfrentas a un resultado muy incierto, o desconocido, confiar en tu intuición y en las emociones puede llegar a ser la mejor estrategia.

Ser emocionalmente saludable es uno de los ingredientes principales de la racionalidad. Si la racionalidad en una negociación significa no emplear las emociones en absoluto, entonces los pacientes con lesiones en la corteza prefrontal media, o los psicópatas, deberían ser los mejores negociadores, porque sabemos que no tienen el dispositivo cerebral para las emociones. La realidad es lo opuesto.

Cuanto más en el extremo de la razón o de la emoción te ubiques, más problemas acabaran causándote. Si eres muy racional, vas a vivir muy metido en tu cabeza, pero bastante lejos de tus emociones y de tu cuerpo. No estar en contacto con tus emociones y con el cuerpo, te puede llevar a tomar decisiones que por muy lógicas que parezcan, luego descubrirás que en realidad no querías o no te apetecían. Porque estas alejado de la intuición y de la sabiduría que eso conlleva. También te puede ocasionar dificultades para empatizar con los demás de una manera sincera, pues en ocasiones no sabes qué hacer con las manifestaciones emocionales de los demás. También puede llevarte a somatizar las emociones que no consigues expresar. Y, además, te estás perdiendo la maravilla del mundo emocional, que te puede dar muchas satisfacciones si te aventuras a conocer tus propias emociones.

Si vives sumergido en el mundo emocional es posible que te tomes la vida demasiado a pecho, pues todo te afecta sobremanera. Cualquier cosa que te suceda o es maravillosa y la disfrutas mucho o es terrible y la padeces en exceso. No habrá términos medios en tu vida. Eso te lleva a una montaña rusa emocional constante. También te dificulta olvidar las cosas que te suceden, pues al recordarlas con tanta carga emocional es como si las estuvieras reviviendo constantemente. Eso puede acabar conduciéndote a la ansiedad o a estados depresivos. Y a meterte en situaciones en las que preferirías no estar. Puedes tomar las decisiones de un modo demasiado impulsivo, sin sopesar adecuadamente las consecuencias que puedan tener.

Como le digo siempre a mis pacientes, todo es malo en exceso. Las personas tenemos tres centros: uno racional, uno emocional y uno instintivo, que se corresponden con las tres principales estructuras del cerebro. El estado ideal es aquel en el que los tres centros están compensados, en que ninguno sobresale de un modo especial. Esto lleva su complejidad de conseguir porque dentro de nosotros siempre predomina una de las estructuras, entonces es importante estudiar las otras e ir tanteándolas, para conocer como nos conducen y si nos gustan los resultados, pues seguimos tanteando hasta lograr mayor equilibrio. Es posible que uno de ellos sobresalga un poco, pero si los otros dos centros tienen suficiente espacio tampoco será algo que te cause demasiados problemas.

Por ello, el demasiado racional tiene que esforzarse por conectar más con sus emociones, con su sensibilidad y hacer actividades que se lo favorezcan. El demasiado emocional tiene que ir hacia su cabeza y moderar sus exabruptos emocionales. Todo eso se puede conseguir y yo he ayudado y ayudo a muchas personas a lograr ese objetivo. Suele ser más fácil hacerlo con alguien que te guie porque has de luchar contra una tendencia que tú vives como natural y se van a producir resistencias. En realidad, tú te sientes cómodo siendo como eres y muchas veces no ves la necesidad de cambiar. Yo, cuando trabajo con alguien, se cuándo y cómo se van a producir esas resistencias y puedo esquivarlas más fácilmente dentro de una sesión de terapia, para conseguir enganchar a mis pacientes en un proceso psicoterapéutico de cambio y mejoría.

La consciencia plena y vivir el aquí y el ahora ayudan a estar en ese estado de equilibrio mental, en ese punto es en que la mente se observa a sí misma y se consigue una cierta neutralidad. No es que no se sientan las cosas, es que no te dejas arrastrar por ellas. No es que dejes de pensar, sino que no te quedas tan enredado en tus pensamientos. Tu no puede evitar que un pájaro te haga popo sobre la cabeza, pero si puedes evitar que haga nido en ella. Lo que quiero decirte es que cuando te embargan ideas molestas, debes luchar para sacarlas del escenario mental tuyo donde se están proyectando.

Así que si te animas a buscar ese equilibrio ya sabes que puedo ayudarte. Y te puedo garantizar es que ese modo de vivir más equilibrado, aporta más y mejores experiencias y una mejor capacidad para tomar las decisiones, que te lleven a vivir una vida más acorde con quien en realidad eres.

Cuando en una de las opciones a elegir todo parece ventajas y en la otra, todo inconvenientes, pues resulta muy sencillo inclinarse y decidir, pero cuando cada una de las alternativas parece tener sus pros y sus contras algo balanceados las cosas pueden complicarse.

¿Me caso o no me caso? ¿Cambio de trabajo o me quedo con este, aunque no me guste nada, porque me da cierta seguridad? ¿Sigo con esta persona como pareja o mejor la dejo?

Antes de tomar una decisión detente y date cuenta que las emociones tienen un papel fundamental en esta labor de decidir. No solo no son enemigas, sino que pueden ser grandes aliadas.

Cada vez que quieras decidir algo pregúntate:

1. ¿Qué consecuencias emocionales tendría para mi cada una de las alternativas?
2. ¿Con cuáles de esas consecuencias me siento capaz de lidiar?

3. ¿Cuáles beneficios quiero tomar y cuales estoy dispuesto a dejar sin reproches?
4. ¿Me quedo donde estoy y sigo sufriendo o me voy y sufro solo un poquito pero luego sé que ya no dolerá más?

Ahora que ya has analizado tus opciones y te has respondido sinceramente, realiza este ejercicio de toma de decisiones con los siguientes pasos:

1. Escucha a tu cerebro emocional

Ante una situación con diferentes alternativas tu cerebro emocional procederá de un modo rápido y automático a valorarlas y etiquetarlas. Presta atención a su veredicto. ¿Qué cambios se van produciendo en tu cuerpo al pensar en esa alternativa o empezar a actuar como si la hubieras tomado? ¿Qué impulso de acción tienes?

2. Cuestiona a tu cerebro emocional

Bien, él ha decidido, pero, ¿en base a qué? Reflexiona sobre las fuentes de información con las que cuenta tu memoria emocional: vivencias de tu pasado, observaciones que realizaras en otras personas cercanas, impactos recibidos desde medios de comunicación, miedos, consecuencias anticipadas, etc. ¿Crees que puede haber algún tipo de sesgo o distorsión? ¿Se te ocurre alguna información, experiencia o enfoque que podría matizar o modificar esa memoria emocional?

3. Incorpora argumentos de fuerza racional

Ahora toca ponerse a analizar desde una razón lo más objetiva y fundamentada posible. Elabora listas de pros y contras para cada una de las alternativas de decisión que se te ocurran. Infórmate bien y dales algún tipo de puntuación o importancia según consideres su impacto sobre la consecución de tus objetivos al decidir. Si un argumento a favor tendrá una consecuencia de mayor impacto positivo o negativo, otórgale más puntos. Al final, suma los puntos tanto positivos como negativos para cada alternativa y compara fríamente las diferentes alternativas.

4. Deja reposar y vuelve a escuchar a tu cerebro emocional

Varios estudios han comprobado que el cerebro emocional incorpora la nueva información tras un tiempo de desconexión (a veces un día o dos son suficientes pero otras veces hace falta algunas semanas). Tras este reposo vuelve a conectar con tu cerebro emocional y observa cómo te sientes al pensar en decidirte por cada una de las alternativas.

5. ¡Decide!

Llega el momento de tomar decisiones. A veces es bueno darse un tiempo para reflexionar y valorar el impacto emocional de cada alternativa. Aun así, llega un momento en que postergar solo nos impide crecer. No busques certezas absolutas para atreverte a decidir pues estas casi nunca llegan. Elige con cabeza y con corazón.

Ahora me encantaría escucharte a ti. ¿Cuál es tu experiencia a la hora de tomar decisiones? ¿Crees que las emociones te han ayudado o perjudicado a la hora de ir decidiendo? Busca la fan page Psicólogo Martínez en Facebook o visita www.psicologomartinez.com y en la sección de contacto podrás decidir por donde escribirme y con gusto te respondo.

9. Pesimismo como estrategia contra la ansiedad

Otro problema es la restricción cognitiva: te centras tan obsesivamente en un problema, que restringes el repertorio de salidas alternativas.

Para enfrentar la ansiedad con el pesimismo, debes reducir mentalmente las esperanzas de que todo saldrá perfecto (emoción de éxito solamente) y esto aligera parte de su presión. Las desilusiones previstas son más fáciles de llevar que las imprevistas.

El pesimismo defensivo no solo es pesimismo, sino que desencadena un ensayo mental, el segundo ingrediente de la estrategia. Cuando ya has agotado el repertorio de alternativas negativas (y de posibles salidas y razones, etc.) que puedas imaginar, estarás más concentrado en trabajar tu objetivo que en tu ansiedad. Habrás convertido la confusa aparición de sentimientos en una enumeración concreta y menos intimidatoria de puntos, que puedes ir resolviendo antes del día del cumplimiento de tu objetivo. Tu reflexión negativa genera acción. No se trata solo de planificar.

No se trata solo de que planees bien las cosas, para que la ansiedad de algo nuevo que quieres cumplir desaparezca. Las expectativas pesimistas y la representación mental del fracaso te permitirán controlar la ansiedad, pensar y planificar con detalle.

A los que son más positivos y tienen menos tendencia a la ansiedad, les cuesta más, creer que el pesimismo defensivo puede tener efectos positivos. Se realizó un estudio, que consistió en intervenir en cada uno de los componentes del pesimismo defensivo y demostrar que el resultado también se altera. Se animó a los pesimistas defensivos a tener expectativas más altas, ¿Qué ocurre? Si se distrae su atención de su habitual ensayo mental de los desastres o los relajamos para estar menos tensos ¿Qué pasa?

1) Manipulación de las expectativas negativas. ¿Los pesimistas defensivos no pueden ver el vaso medio lleno y punto? Se le dijo a la mitad de los participantes en el estudio, que se había estudiado su hoja de vida y que harían bien la planificación que se les pidió que ejecutaran. Cuando los pesimistas defensivos habían intentado ser optimistas se fijaron objetivos más ambiciosos, pero tenían problemas, no habían podido controlar su ansiedad.

2) Manipulación del ensayo de fracasos. ¿Por qué los pesimistas defensivos no se olvidan de sus preocupaciones? ¿No podrían ser sólo pesimistas (generar esas expectativas) y relajarse en lugar de hacer listas de desastres y de preparaciones obsesivas? A un segundo grupo se le intento distraer con la explicación de un proyecto que requirió toda su atención y les impidió su habitual proceso de reflexión. El rendimiento fue menor en este grupo que no había podido reflexionar sobre los posibles desenlaces del reto que tenían ante sí.

El optimismo estratégico no es el recurso más útil para los que padecen ansiedad. El pesimismo defensivo lo será, dependiendo de si la persona en cuestión sufre por su nerviosismo o si no dispone de otras herramientas a su alcance. Dos formas de huida habituales para combatir la ansiedad son la deserción (procrastinación) y la confusión, lo que significa buscar excusas potenciales, que se dan antes de saber si serán necesarias ante posibles errores que se cometen. Las distracciones y la desorganización son un defecto y también una salida.

Las ventajas del pesimista defensivo, es que salen ganando cuando se comparan con las estrategias de huir siempre en dirección contraria a los retos o dificultades. Su recompensa por ser capaces de tolerar la ansiedad a corto plazo, conlleva un nivel más alto de probabilidad de éxito en tareas específicas, una probabilidad mayor de reducir determinadas causas de ansiedad a largo plazo y la oportunidad de conocer mejor sus propias habilidades y aumentar la confianza en sí mismos.

10. Discapacidad Emocional

Conocemos la palabra "discapacitado" y rápidamente la relacionamos con todas aquellas personas que tienen alguna limitante motora, física o mental que se nota a simple vista. La OMS la define como cualquier restricción o impedimento de la capacidad de realizar una actividad, en la forma o dentro del margen que se considera normal para el ser humano.

Se caracteriza por excesos o insuficiencias en el desempeño de una actividad rutinaria normal, y puede ser temporal o permanente. Pero, ¿cómo se les llama a aquellas personas que sufren de restricciones o impedimentos con relación a sus emociones? Se ven normales, caminan normales, tienen buena salud, hablan bien, piensan bien, pero, esas personas no tienen la capacidad de conectar con sus emociones, tienen dificultad para interactuar y lidiar con vínculos emocionales, así como la falta de expresión física y verbal de aquello que supone un cambio emotivo en su vida, personas que están impedidas en sus capacidades de amar, gozar, sentirse tristes o enojadas, sufrir o de hacer contacto con sus sentimientos, entonces, estamos ante un discapacitado emocional. Como profesional de la salud mental, puedo asegurarte que estas son abundantes a nuestro alrededor. Espero aquí aprendas a identificar a un discapacitado emocional, empezando por estudiar a aquella persona que ves reflejada en el espejo cuando te paras frente a él.

Los discapacitados emocionales serían, todas aquellas personas que se encuentran disminuidas en sus capacidades emocionales. El discapacitado emocional carecería de ciertas destrezas psicológicas que le impedirían principalmente:

1. Reconocer sus propias emociones -básicamente deseos y temores-, y darles una respuesta acorde.

2. Relacionarse adecuadamente con los demás, debido al escaso desarrollo de la empatía y la capacidad para la comunicación.

Quizás, la cuestión no pase por ser o no ser discapacitados emocionales; sino por el grado de discapacidad que poseemos en algunas de estas cuestiones.

En nuestra cultura no está bien visto mostrar nuestras emociones, después de la perdida mortal de un familiar amado, de una separación amorosa proveniente de una relación de años, los que nos visitan nos preguntan si ya estamos bien, o sea, ¿Cómo vamos a estar bien? Pues no, nos sentimos mal y estaremos así algún tiempo, porque lo necesitamos, porque necesitaremos vivir el proceso del duelo (perdida) que podría tomar meses en resolverse, pero las personas dos semanas después esperan que estemos bien, y seguramente ya cansados de que nos pregunten lo mismo siempre, llegamos a responder que estamos bien, para evitar desgastarnos más.

No entienden, no entendemos como sociedad en general cómo funcionan las emociones, ni les damos tiempo a que se recuperen, las presionamos, te presionas para sentirte bien, lo cual únicamente causa que tarde o temprano sufras en tu propio cuerpo, el peso de toda esa carga emocional que solo has ido acumulando, manifestada en estados de ánimo desagradables que a veces no logras comprender. Y también que te vayamos convirtiendo en discapacitados emocionales.

En algunas sociedades los más jóvenes tienen la enorme dificultad de haber crecido, habitualmente, en una burbuja. Tus padres te han sobreprotegido y sobre elogiado durante toda tu etapa de desarrollo. Y aunque no lo hicieron con maldad, lamentablemente te han debilitado. Por el otro lado haber sido demasiado severos contigo también te ha debilitado, porque no has tenido la oportunidad de expresar tus emociones, no aprendiste a ello. Decir lo que sentías o lo que pensabas era condena segura de una azotada verbal o física, no te escucharon jamás, aprendiste a que decir lo que sientes es un error por la consecuencia dolorosa que conllevaba hacerlo, no te permitieron abrazarlos cuando tu sentías esa necesidad, ni tampoco lo hicieron ellos contigo, cuando sabes que esperabas que de alguna manera supieran como te sentías y vinieran a abrazarte, porque igualmente lo necesitabas. Te encerraste junto con tus emociones dentro de un bunker dentro de tu ser, donde pensaste que estarías protegido, pero ahora sabes que simplemente te impediste a ti mismo conocer cómo funcionas y también aprender como dominarte a nivel emocional, ese es el aprendizaje que ninguna escuela te va a dar.

Quizá la crianza que recibimos sea la primera responsable de tanto descontrol, pues mientras crecías intentaron llenarte de un montón de conocimientos y consejos sobre todo lo que sucede a tu rededor, pero jamás nadie se preocupó por enseñarte (o de al menos intentarlo) la manera de afrontar todo eso que pasa adentro tuyo. No recibiste una educación emocional y cuando eres consciente de eso no queda más que hacer de tripas corazón y aceptar que estas indefenso ante tus propias contradicciones. Creas placebos e imaginarios de todo tipo para tratar de justificar tus propias inconsistencias y si acaso logras sentirte bien a partir de ellos, te olvidas del prójimo y lo maltratas (muchas veces inconscientemente) bajo la falsa excusa de tu falsa satisfacción particular.

¿Cuáles son los signos más visibles en la conducta de un discapacitado emocional? Estos individuos no pueden conectarse con ellos mismos, por lo consiguiente muestran poca empatía ante los problemas de los demás, por lo que buscan encarecidamente llenar sus vacíos con actividades laborales o escolares. En sus pocas relaciones significativas, se mantiene distante y evasivo, y es común que sea misterioso y que guarde muchos secretos.

El discapacitado huye o evita las situaciones o eventos que potencialmente pudieran hacer surgir emociones o sentimientos, tanto placenteros como molestos. Lo importante es no sentir. ¿Te relacionas? No pienses en nadie más, analízate a ti mismo únicamente, sé que puedes diagnosticar a más de la mitad de los que conoces, principalmente a tus familiares con esta condición, pero ese no es el chiste. ¿Estás de acuerdo? Bien, continuemos con el análisis.

El discapacitado tendrá una reacción nula o anormal, ante situaciones que normalmente generan emociones intensas, como por ejemplo una separación, un evento alegre, una noticia traumática, un festejo. Su semblante es siempre el mismo, su cara permanece inexpresiva. Puede ser muy crítico y juzgar duramente a los que le rodean, pues siente poca empatía por ellos. Si empieza a sentirse emocionado, él mismo se prohíbe el sentimiento, trata de calmarse o de minimizar lo que le pasa: "ya, ya, no es para tanto", suele decirse.

Así como cada una de las categorías de discapacidad cuenta con un número amplio de criterios y situaciones muy particulares, dentro de la discapacidad emocional también se pueden identificar diferentes panoramas que fácilmente nos llevan a creer, que de esta no se escapa un solo ser humano. Nacemos con un límite muy bajo e instintivo de control de nuestras emociones, de acuerdo como se nos haya estimulado desde pequeños pudimos haber pasado a niveles superiores de maduración emocional, dejando a un lado la discapacidad que traemos de manera innata.

Algunos casos los signos y síntomas pueden ser muy evidentes, pero otros y en particular cuando se trata de hombres, se pueden esconder bajo una coraza que difícilmente deja la chance de ser descubiertos. En un sentido amplio, podríamos decir que la discapacidad emocional se hace presente cuando no tienes la capacidad de identificar, conocer y/o manejar tus emociones.

Si eres un discapacitado emocional vas a confundirlo todo, el respeto lo confundes con el miedo, el amor lo confundes con el apego, la felicidad la confundes con el placer, la bondad la confundes con la estupidez, la justicia la confundes con la fuerza.

Alguien decía alguna vez que el secreto de la autoestima no radicaba en el amor propio, sino en la comprensión de quién eres.

Es una definición que cobra mucho sentido cuando entiendes que el amor, en términos realistas y humanos, no es incondicional y por el contrario tiende a ser egoísta, porque -se supone- no puedes (léase debes) amar tanto a alguien que no te corresponde a ese sentimiento. Mientras que el reconocimiento propio es un acto de honestidad y de humildad, ya que requiere del penoso esfuerzo de identificar con valentía tus carencias, temores, contradicciones y demás demonios que no son otra cosa que la parte dolorosa de tu condición humana. Debes entender que aceptarlas no es un acto de debilidad, en cambio es una muestra de inteligencia emocional. Por otro lado, reconocer también tus virtudes y capacidades te permite entender tu valor, que representa tu principal armadura ante las ofensas del otro.

Todo esto es mucho más fácil escribirlo y decirlo que llevarlo a la práctica, lo sé, sin embargo, hay personas que ya pasaron por ese proceso y crearon su propio bastón emocional a su medida para tratar de convivir de la mejor manera posible con esta discapacidad, que les impide expresar los sentimientos de la forma correcta, con la persona correcta y en el momento correcto. A veces te hundes en profundas contradicciones de las que no logras salir a flote con la rapidez que quisieras y que te nubla la vista y el pensamiento, cuando tratas de identificar si lo que se aproxima es una lluvia en medio de la sequía o una tempestad en medio de un naufragio.

Si nos relacionamos con discapacitados emocionales, es porque seguramente nosotros mismos tenemos algún grado de discapacidad. Una parte de nosotros está tratando de sanar esa discapacidad, esto nos la muestra en otras personas que sufren lo mismo y es hasta ese momento en el que te das cuenta de esto, que debes empezar a sanar. Pero debes dejar de ir a ciegas sobre ti mismo, date cuenta que es necesario que cada día te dediques a estudiar tu propia conducta, cuestionarte las razones que te tienen adonde te tienen y aquellas que no te tienen adonde quisieras y crees que deberías.

El auto estudio es algo que se trabaja en sesiones con un psicólogo, no estudiamos a nadie más que a aquel que está allí sentado como paciente, con un manojo de nervios porque finalmente se empezara a abrir primero a el mismo y luego al mundo, asumiendo todo aquello que sabe que está allí pero que le teme, y tu como le temes, entonces te domina inconscientemente. Busca un profesional que te ayude con este autoestudio, es muy probable, que esa sea la llave correcta para abrir las abundantes bendiciones que están allí preparadas para ti, para quien eres, no para quien pretendes ser.

Es importante la crianza adecuada con los niños para evitar que se conviertan en discapacitados emocionales. Los niños que tienen esta discapacidad por lo general reaccionan positivamente a comentarios que son motivadores. Por ejemplo, en lugar de decir: "Cometiste ese error otra vez" o "Siempre lo haces mal" podemos expresar lo siguiente: "No te preocupes, casi todos los niños se equivocan, vamos a intentarlo de nuevo", o "Parece que algo te molesto. ¿Quisieras hablar sobre eso?".

Trata de practicar estrategias para controlar tus propias emociones y así poder enseñárselas a los niños eficientemente. Tanto en el hogar como en la escuela, existen muchas situaciones, comentarios o miradas que pueden activar emociones negativas en los niños que tienen esta discapacidad. La clave está en enseñar a nuestros hijos como canalizar dichos sentimientos de la manera apropiada y expresar actitudes que respondan a las reglas de la clase y de la casa. Algunas de las estrategias que me han sido útiles trabajando en terapia con niños han sido las siguientes: felicitarlo cuando controla sus emociones, animarle a comportarse adecuadamente, elegir un lugar donde pueda tranquilizarse (el rincón seguro) y meditar sobre sus emociones, respirar profundo por unos segundos antes de responder ante una situación, escuchar música tranquila, dibujar sobre papel emociones negativas, como las quiera representar y reemplazarlas por emociones positivas para finalmente desechar el primer borrador.

Hay muchas acciones que los padres podemos tomar para ayudar a nuestros hijos a superar dicha discapacidad, al utilizar sus habilidades estratégicamente a fin de que no solo disfruten de un bienestar físico y mental, sino también de progreso académico en la escuela.

Si te has identificado como alguien con rasgos de esta discapacidad, y ya eres un adulto no temas utilizar algunas de las estrategias que te acabo de comentar, al menos yo creo, que debemos estar dispuestos a probar todos los recursos que tengamos a mano y los que podamos recibir cuando humildemente pedimos ayuda, siempre encontraremos una que nos calce a la perfección.

La discapacidad emocional es aquella que lleva grabada la impotencia del individuo. Es la que discapacita los sentidos, ya que los sentidos están relacionados con las emociones.

Algunos sentidos como el olfato están directamente relacionados con las emociones. La información que llega a través de la nariz pasa directamente al circuito límbico y al hipotálamo que son los encargados de regular los instintos, las emociones, los sentimientos y los impulsos. Por ello el olor a tierra mojada cuando llueve nos recuerda generalmente aspectos de nuestra infancia que si fueron bonitos nos harán sentir bien. Los olores y fragancias florales son de gran ayuda para calmar nuestras emociones, busca velas aromáticas y enciéndelas, pensando que es la que te dará el olor, que te llevara a mantener la calma frente a tus arrebatos emocionales que a veces te inundan. El olfato es un sistema de vigilancia, por ello estimúlalo continuamente.

El tacto es el único sentido que nos relaciona físicamente con el mundo. Tiene dos propósitos mejora nuestra vida y actúa como sistema de alarma general del cuerpo.

La vista y oído, son más conscientes porque la información pasa a la corteza directamente, pero nos evocan igualmente experiencias pasadas, emociones. Si todas las emociones que percibimos con nuestros sentidos son negativas nos incapacitan para relacionarnos con el mundo poniéndonos en alerta e incapacitándonos para aprender.

En terapia enseño a mis pacientes tres pasos para convertirse en personas emocionalmente inteligentes:

1. Aceptar la emoción que te embarga:

2. Tolerar la emoción:

3. Gestionar la emoción:

11. Está Bien, Estar Mal

El falso optimismo genera frustración si las expectativas no se cumplen, ya lo he venido diciendo y algunos libros responsabilizan al individuo de "crear" sus propias desgracias, dicen, "si nada te sale bien es porque no estas enviando la frecuencia correcta al universo entonces es tu culpa, piensa que ya tienes un vehículo, siéntelo, tócalo en tu mente como si ya lo tuvieras y veras que lo tendrás aparcado en tu cochera", este libro quiere liberarte de esa responsabilidad, al menos de la manera irreal en como la has estado manejando. La ideología "Todo tiene que salir bien" hace que no esté bien visto sentirse mal. Tu valora cual opción prefieres y listo úsala, los resultados dirán si funciona o no.

De un tiempo a esta parte, al que llama a las cosas por su nombre se le tilda de ser un tipo negativo o de no tener perfil de triunfador. El optimismo barato empapa todo a su paso y silenciosamente está afectando a muchas personas que han comprado esta filosofía ciegamente.

En el actual contexto de crisis muchas personas atraviesan momentos muy difíciles, como quedarse sin trabajo, sin ingresos económicos, sin matrimonio, sin hijos e incluso sin casa. Si a los problemas económicos se le suma una enfermedad, un divorcio o la pérdida fatal de un familiar, mantener el rumbo se convierte en un acto heroico, sobre todo cuando en el mundo de los ultras motivados no está permitido "estar mal".

Esta situación de crisis social ha hecho proliferar infinidad de libros de autoayuda y "coaching", además de los vendedores de baratijas que te ofrecen mensajes etiquetados como "bienestar", cuando este "bien-estar" te dura lo mismo como al mapache con el algodón de azúcar (video popular en la web). Estos inciden en la idea de que "tu pensamiento crea tu propia realidad", yo no lo creo tan así, lo que quiero hacerte ver es que no solo es el pensamiento. Esta corriente aparta a las emociones verdaderas por aquellas que tienes que crear para sentirte bien y eso es lo perjudicial. De esta forma, al individuo, ya sobrecargado de problemas, se le culpabiliza además de ser el artífice de su situación vital ya que, según esa teoría, él y solo él es el responsable de su propia desgracia.

Si bien es cierto que hay circunstancias que dependen del optimismo y actitud con que las afrontes, existen muchas situaciones que son objetivamente malas y que escapan a tu voluntad. Esas son las que no podrás cubrir con ese optimismo que compraste por allí, por más que lo intentes, por más que lo pienses, por más que lo niegues, esto terminara llevándote a desgastarte, frustrarte y deteriorarte. ¿Qué vas a poder hacer cuando ya no te aman? ¿Qué logras insistiendo? Exacto, nada. Lo más que llegas a conseguir es a mover al otro por lastima hacia ti.

El positivismo falso hace el mismo daño que el exceso de negatividad. El resultado es una realidad que deja a la persona sin elementos de juicio objetivos y que genera eventualmente frustración y culpa. El problema es que no lo logras entender hasta que ya estás en el último estado que es la angustia. El falso optimismo es una trampa de la mente, que al inicio no quiere sentir dolor emocional y además el enganche de la oferta quintuplica tu bienestar por pensar positivo y todo se solucionara, te mantiene alienado hasta que despiertas en la realidad, nada se solucionó antes bien, se empeoró.

El Coaching profesional y la autoayuda te están haciendo más mal que bien. El positivismo ilustrado de estos últimos tiempos hace que te veas más miserable de lo que eres. Frente al "todo depende de cómo lo enfoques". Te pongo como ejemplo los efectos de la pérdida del empleo. El desempleo es un problema real y que sientas miedo es la emoción normal, es una reacción neurofisiológica y bioquímica que te permite dar una respuesta adecuada, para afrontar la situación con realismo y así adaptarte. Dicho de otro modo, vivimos la realidad a partir de las expectativas y la interpretación que hacemos de ella.

Quizás esto que te diré es algo que ya has escuchado, pero estoy seguro que en medio del bombardeo externo a tu mente, puedes haberlo olvidado y me siento en la responsabilidad de repetírtelo e invitarte a que te lo repitas cada día. Aceptar los aspectos positivos y negativos de una situación adversa es clave para interpretarla.

A mi juicio, es muy desconcertante para la persona que vive una situación difícil recibir en paralelo mensajes contradictorios a través de los medios de comunicación que te bombardean con la crisis y a la vez te dicen que serás feliz si compras un vehículo. Estas noticias ciclotímicas, donde el falso positivismo y el optimismo no realista se alternan con un pesimismo culpabilizante, generan un tremendo estrés psicológico en tu mente de efecto anestesiante, te paraliza y no sabes que hacer en realidad.

Lo que debes hacer es conectar primero con la realidad por dura y dolorosa que sea y comprender como funciona tu cerebro a nivel neuro-cognitivo. Esto permitirá aceptar que en la vida hay aspectos positivos y negativos que son complementarios, algo necesario para poder modificar nuestra forma de procesar e interpretar una situación adversa. Te repito por enésima vez: ¡es aprendizaje!

Estoy convencido de que, a través del optimismo emocionalmente inteligente, conseguirás que cualquier crisis te empodere y te deje como herencia un crecimiento permanente y sostenible. En la escuela de optimismo verdadero no negamos que haya un problema o una desgracia. El trabajo es convertir el excremento en abono. Pero siempre hay quien prefiere vivir de emociones e ideas irrealistas, y eso está bien también, solo no te dejes contagiar ni engañar más. Si este libro está despertando algo en ti, excelente, yo creo que cuando un libro no lo encuentras útil, entonces no era para ti, era para alguien más.

¿A veces no te pasa que estas harto de creerte un robot? ¿No te harta fingir que no estas harto? Creo que entiendes lo que quiero decir.

Siempre he creído que admitir estar triste es el primer paso para querer mejorar. Sin embargo, hablar de este tipo de cosas en una sociedad que siempre trata de minimizar, los problemas de los demás porque “alguien está peor”, es muy difícil. Te entiendo.

Se nos ha enseñado que llorar es vergonzoso y solo los débiles lo hacen. Los hombres la tenemos peor porque se nos inserta en la mente la programación de que los hombres no lloran, lo cual crea una generación que carga demasiado dentro y que por cualquier tontería estalla con agresividad. Pero también, si no lo haces en público de vez en cuando, se te tacha como “la roca, el duro, el fuerte” y no tienes derecho a expresar si estas triste o deprimido, porque seguro es pura babosada, porque “tú no eres así, eres el fuerte del grupo”. Caemos en esa creencia que en lugar de fortalecernos nos preocupa, porque sabemos que adentro somos un cristal y que siempre estamos a punto de quebrarnos.

Si tu casi no lloras, seguro en tu casa te dirán en tono burlesco “el o la insensible” y en tu trabajo o universidad te conocerán como el/la odiosa que no siente el dolor ajeno. Pero la realidad es que, si sientes, tu si sufres, a ti si te dolió lo que paso (sea lo que sea).

Que estés triste es inevitable, es más tienes derecho a estarlo, haz uso de ello. El problema es que no lo hables con nadie, por vergüenza o por la razón que sea, no sacarlo de tu organismo y guardarlo. Guardarlo tanto que se convierta en una bomba de tiempo que peligra estallar en cualquier momento.

Esto es algo invisible pero constante, y puede desarrollar enfermedades como la depresión, que lleva al suicidio. He conocido muchos casos de adolescentes que siempre lucieron felices, hasta que se quitaron la vida. Nunca hablaron de sus sufrimientos, porque seguramente pensaron que nadie debía de saber que el “hijo, hermano y compañero perfecto” también lloraba, también sentía, también sufría. Por eso el mensaje de este libro en sencillas palabras, está bien que a veces estés mal, no hay problema con eso, eres humano y tienes emociones, eso te hace normal.

No permitas a los demás que te quieran hacer vivir como si fuéras de hierro, principalmente no se lo permitas a tu propia mente.

La depresión es un problema gravísimo que debería preocuparnos a todos como sociedad, pero creo fielmente que hay que buscar maneras más asertivas que las que estamos usando. Debemos de empezar a abandonar la idea de que ir al Psicólogo es para locos, o al menos yo preferiría por mucho, ser llamado loco que vivir una vida insatisfactoria hasta el punto de querer abandonarla por mis propias manos. Al final, en el mundo de los “cuerdos” no es un jardín de rosas, ni mucho menos el cuento disnleylandesco que te quieren hacer creer.

Te aseguro que cuando se den cuenta que vas a terapia, empezaran a decirte que no entienden para que vas si pareces tan “normal”, no parece que estuvieras tan grave como para necesitar un psicólogo. Lo que no entienden, es que no hay que esperar hasta estar al borde para buscar apoyo emocional, la prevención es importante, pero te siguen repitiendo, tu no estas “loco”.

Una de las formas más comunes e incorrectas de pretender “mejorarte” el estado de ánimo, es cuando aquellos usan frases como: “hay personas más pobres que tú y que desearían estar aquí y tener lo que tú tienes y aun así ¿te pones triste por cualquier cosa?

Un rotundo NO. Solo porque otra persona este peor que tú, no quiere decir que no tengas derecho a estar mal también. El dolor de esas personas no minimiza tu dolor, ni viceversa. Yo no siento tus penas, tampoco tú las mías. Pero sufrimos y ese es el punto.

Que trates de olvidar de golpe las emociones que te abruman en el día a día, no es el escenario más lindo del mundo. Después de un tiempo, se hace cada vez más intenso el sentimiento que guardas tan recelosamente en tu mente. Las personas somos expertas en guardar aquello a lo que nos aferramos. Lamentablemente tarde o temprano la verdad llega y cuando lo hace solo te queda hacerle frente a la realidad, a aquella que no le hiciste caso antes cuando era pequeña, pero que siempre has cargado dentro de ti, y que ahora es un gigante que te abruma más el pensar en combatirlo.

Deja de jugar a ser una persona de piedra, alguien fuerte a la que todos admiran. En la debilidad esta tu fuerza, pues no dejas que el sentimiento que escondes te carcoma de adentro hacia afuera. Se inteligente y llora, grita, saca ese sentimiento. No vas a recuperarte en un día, eso te lo puedo asegurar. Sea cual sea el problema que te aqueja debes aceptarlo. Una vez que lo hagas estarás listo para ponerle una solución. Así que no hay vuelta atrás, solo queda lidiar poco a poco con los problemas, la tristeza, la soledad o cualquier otra cosa que no te deje vivir en paz. Respira, es momento de afrontarlo. Hazlo hoy que es pequeño, no esperes a que se incube dentro de ti y explote en un monstruo que se alimenta de tus miedos para crecer aún más.

Nadie dijo que es sencillo. Se le llama vida y a veces da golpes muy duros. Pero solo los necesarios para impulsarte a ser mejor. No te dará los golpes que necesita otro para crecer, te dará los tuyos, los que necesitas tú, la vida no se equivoca. El punto es que como no quisiste los pequeños, entonces se vienen otros, que los sientes peores pero que por terco te buscaste, ahora debes asumirlos. El día que pienses que las cosas no podrían estar peor, mira hacia atrás para que encuentres aquello que debes cambiar, para que lo que estás viviendo hoy no se repita. Afrontar la vida con la mirada en alto no quiere decir andar con una sonrisa fingida todo el tiempo y seguir con tu vida. Si lo que realmente quieres es avanzar, vive, reflexiona, aprende, asume, levántate y nunca vuelvas a caer en el mismo hoyo.

Lo bello de la vida es que nada dura para siempre. Las malas rachas se van, las lágrimas se secan y llegan los momentos de calma que tanto esperamos. ¿Cuándo? En el momento en el que decidas hacer algo por ti mismo. No te conmiseres, pero tampoco te castigues. A veces está bien no estar bien, y cuando no estás bien piensa que es el momento de reflexionar y aprender, aun así, debes tomar aire y valor para sufrir el momento, es inevitable, no huyas más. Como alguna vez escuche decir a una persona que tuvo una vida “dolorosa”: sufre, llora, ama y el día de mañana podrás presumir de haber vivido. Estar vivo es una bendición. Vive con filosofía y llora cuando tengas que hacerlo sin arrepentimientos. Finalmente, todo lo que te duele sirve para volverte más fuerte. La piedra del crecimiento es el dolor, pero, como le das muchas vueltas al pasar por él, entonces nunca creces, eres un pigmeo emocional.

¿Quieres saber por qué te sientes extremadamente mal por unas cosas más que otras? Es porque hay cosas que la sociedad te dice que no debes sentir tanto, por eso que cuando te sientes mal por alguna de ellas, te sientes todavía peor porque se supone que no deberías estar triste por esa tontería. Pero lo cierto es que solo tú puedes llegar a saber el por qué te duele tanto algo en particular, no tienes por qué escucharlos y reprimirte por algo que tu si sientes, y que necesitas sentirlo y gestionarlo para superarlo.

Otra verdad que debes tener siempre presente, es que los momentos malos son parte de la vida, son parte de tus experiencias, son los que te dan el equilibrio. Y es que todos esos momentos malos de la vida, son, en realidad, males necesarios, que existen con un propósito y una razón, hacernos valorar todo lo bello de la vida.

No deberías entonces sentirte mal por estar mal. Está bien simplemente no estar bien, no te martirices por ello. Recuérdale a tu mente que eres humano y como todo otro similar tienes emociones y estas deben funcionar correctamente, tienes alegría vas a reír, tienes tristeza entonces necesitas llorar, así de sencillo. Te lo mereces. Eso es amor propio también, darte el espacio para que fluyan tus emociones.

Muchas veces, de hecho, la mayoría de las veces, los planes de vida que tenías se van a ver afectados, no vas a conseguir lo que quieres, no te dejes engañar por esos mantras de que todo va a salir bien, que todo lo que quieras en la vida se cumplirá si solo lo deseas y mentalizas, olvidándote de la acción que debes realizar para materializarlo, así que por momentos vas a estar triste y decepcionado, y eso está bien, está completamente bien. La tristeza no es lo opuesto a la felicidad. Una persona feliz puede perfectamente sentir tristeza.

La pena es una emoción común, por la que absolutamente todos pasamos, y el que te diga que no, miente.

Muchas veces eres como muchos otros que ven la tristeza como algo malo, algo que tiene que ser resuelto, una situación que debe ser revertida, cuando en realidad, la tarea que debes hacer no es callar la tristeza, sino abrazarla, digerirla y realmente sentirla. Porque tienes que hacer frente a tus sentimientos en lugar de evadirlos. Si los evades, simplemente estas formando un cumulo de emociones que tarde o temprano explotara, como te lo he repetido ya varias veces en este libro. Estas también fomentando una manera de no saber lidiar con tus propias emociones, porque son tuyas y si no eres tú quien aprende a conocerlas, saber que las dispara y cuáles son sus manifestaciones entonces, ¿a quién más le van a interesar? Si lo haces, serás fácilmente dueño de ellas y no al contrario, tú ser propiedad de tus emociones. Cuando te veas enfrentado a algo realmente desestabilizante, te será difícil salir adelante.

Permitir sentirte mal te hace más fuertes y te permite ser honesto contigo mismo, una honestidad que te lleva siempre a tomar las decisiones correctas. Porque mientras sepas manejar esa tristeza, mientras la pena no te defina, está perfecto sentirla. De hecho, es necesaria. Está bien, estar mal.

¿A veces no te pasa que te resulta difícil expresar tus sentimientos a las personas que te rodean? Bien, creo a todos nos ha pasado en alguna ocasión, pues cierto es, que no nacimos aprendidos, y es que si lo analizas bien puedes llegar a descubrir que no lo haces a veces porque tengas miedo de lo que dirán, sino porque nuestra cultura no parece estar muy interesada en enseñarnos a ser honestos con respecto a nuestros dolores y sufrimientos.

Todo es “se optimista”, “levántate”, “no llores”, “se fuerte” “no muestres debilidad” blah blah blah. Y no estoy diciendo que no debamos hacer estas cosas, el problema es que demasiadas personas se están escondiendo detrás de una máscara de perfección con el fin de mantener a la gente lejos de lo que en realidad están sufriendo. Es como si todo el mundo se la haya creído que mostrar dolor o tristeza es un signo de debilidad. Estoy aquí escribiendo estos párrafos en muchas madrugadas sin dormir, con inmensa y única intensión de decirte que no es así, porque me siento comprometido de hacer mejor el mundo de los que pueda alcanzar, que no significa vivir una burbuja a prueba de momentos malos, sino que deseo hacerte saber que está bien no estar bien a veces. Está bien admitir que te han hecho daño, que estas cansado o incluso confundido acerca de alguna situación en tu vida. Tranquilo, está bien, estar mal.

Muchas veces lo más inteligente que podemos hacer es volvernos amigos de nuestra tristeza que pelear contra ella y peor aún, ignorarla completamente, porque esta no se va, simplemente está allí haciéndote contra peso de lo que quieras hacer en tu vida.

A estas alturas de tu vida, en la etapa que te haya encontrado este libro, te aseguro dos cosas, primera, que has tenido que sobrevivir a muchos golpes, a caídas tremendas (aunque para otros sean solo pequeños baches), a devastadoras decepciones y has tenido que levantarte cada vez, lo importante es que hayas aprendido a hacerlo sin una sola gota de rencor, ese es el aprendizaje que debes tomar de tus caídas, de lo contrario seguirás tropezando con la misma piedra. Segunda, aunque ya hayas aprendido a no tener rencores, tendrás que seguir sobreviviendo a más golpes, caídas, decepciones, hasta que te dejes de respirar, la diferencia estriba en esta segunda etapa en que ya te lo tomaras más con calma. Realmente vivirás tu paraíso en medio de la tormenta de la vida.

¿Has sentido tu cuerpo partirse a pedazos? ¿Tu corazón ha sido absorbido en energía negativa completamente?, ¿Tus lágrimas se han tenido que agotar de tanto dolor? ¿Tus sentimientos han colapsado hasta el punto de anularse? ¿Has tenido que ser capaz de obligarte a vomitar rabia? ¿De forzar a tus pulmones para poder gritar con fuerza tus frustraciones libremente o con una almohada en la boca? ¿Coraje para zarandear con todo tu poder tu memoria para no repetir errores?, y ¿Respirar muy profundo para volver a la normalidad?

Si has respondido si a la mayoría de las preguntas anteriores entonces, déjame darte una gran noticia: ¡eres de lo más normal! Debes reconocer que la vida es cíclica y nunca estable, que hay tiempos buenos, pero también hay días perturbadores, de esos quiero hablarte, de los días que han sido capaces dentro de lo nefasto, de sacar lo mejor que hay en ti, lo mejor que tienes para dar y también lo mejor del amor que existe en ti, al final te han hecho sino todavía, más humilde.

A pesar que has sido lastimado, quebrantado en tus mismas creencias y valores, te has de proponer no guardar rencor, colocarte a ti siempre en primer lugar antes que todo y que nadie y no es egoísmo, es auto salvación, el rencor solo te daña a ti no a aquel por quien lo sientes, entonces dejarlo ir es signo de madurez emocional y de saber cuidarte.

Debes aprender a no dar explicaciones por tus decisiones, ya que al final si te salen las cosas bien tendrás muchos amigos, pero si te salen mal, te aseguro que estarás solo en las consecuencias, todos los que aparecieron en las buenas terminaran abandonándote. Entonces si no están en las consecuencias, ¿por qué sigues de terco teniéndolos allí? Lo bueno es que al final lo que no quisiste aprender por el consejo, lo aprenderás con el golpe.

El privilegio de darle explicaciones que sea para quienes se las hayan ganado, aprende que cuando alguien te ha dañado es solo reflejo de lo perdido que está dentro de sí mismo, cuando alguien te vea con indiferencia, tu muestra dignidad y cuando alguien te olvide, tu sin duda alguna ponte a ti mismo en prioridad.

Debes aprender a darle la importancia que se merece a cada persona, tomar las cosas de quien vienen y devolver con inteligencia las bofetadas recibidas. Ahora debes saber, que eres tú quien tiene el poder de permitir que las actitudes negativas te afecten o no. Tú no viniste a esta vida a sufrir, sino a aprender a ser feliz a pesar de todo lo negativo que te rodea.

Tú, a estas alturas ya no debes darte tiempo para arrepentimientos, veniste a este mundo a vivir y todas las buenas o malas experiencias son parte del paquete, ya has comprendido que estar mal, a veces está bien.

Lo que no está bien es que permanezcas agachado, sufrir y no levantarte, tu elije sacar provecho de todas tus experiencias, tu mente empezara a reconocer la procedencia y propósito de los golpes y por eso sabes ahora recibirlos de manera positiva.

Tienes en ti heridas profundas, fracturas emocionales, palabras agotadas, pero no morirás por ello, por el contrario, aprendes de todo ello. Tienes ahora el coraje de lidiar cada vez que sea necesario con las desavenencias, pero no desistas jamás del camino, sigue de frente con la mejor cara, con dignidad, con respeto propio y sobre todo con mucho amor hacia tu lucha, que nadie más entiende por que ni siquiera entienden las propias de ellos.

Es difícil, pero si eres lo suficientemente decidido, lo lograras. Nadie te dirá que es fácil, pero solo los valientes te dirán que es posible, y yo te digo en este libro que si es posible y que es necesario que entiendas que a veces está bien, estar mal. Decide deslindarte de las frustraciones de terceros, de los traumas y envidias de quienes te lastiman, son sus problemas, no los tuyos y no tienes por qué cargar con eso.

Ahora debe moverte tu propia necesidad de ser feliz, de encontrar en el camino lo que mereces, de visualizarte con amor correspondido, que no aparecerá de la nada, no es algo que llegue mágicamente, debes trabajar para lograrlo y si lo consigues y lo pierdes no importa, tienes aire en tus pulmones, entonces puedes decidir si vale la pena buscar otro o quedarte contigo mismo, porque jamás alguien está solo, se siente solo por no saber estar consigo mismo.

Debes hacerte responsable de ti mismo, principalmente del área emocional, no te dejes manipular por tus emociones ni por la de los demás, decide firmemente lo que quieras y acepta el resultado de esa decisión, si no es el que esperabas siempre tienes la opción de salir de allí y buscar lo que crees que te mereces y cuando lo encuentres cuídalo porque por inercia no permanece a tu lado, sino por lo que hagas con lo que tienes en tus manos y en tu vida, por ello trátalo con el mismo amor con que te tratas a ti mismo, por consiguiente allí permanecerá contigo por el tiempo que está destinado estar.

Tu espíritu de supervivencia es tan increíble ahora, que se sana a sí mismo y con eso también tu cuerpo, tus emociones ya no se ocultan porque ahora ya no tienen miedo y tus sentimientos se dejan fluir con confianza porque ahora también sabes, que de eso se trata la vida, tu vida, mi vida, la vida de ellos, la de todos. Pero ellos deben encontrar su propio camino si lo están buscando, nadie puede sacar a nadie de donde este no quiere salir, por eso pienso que este libro no es para cualquiera sino para el que estaba destinado ser, y esa persona valiosa en este momento eres tú, despierta…

Todo va terrible cuando el alma esta sanando, cuando los ojos del espíritu están abriéndose, así de contrastante es este viaje, pero desistir o continuar, no es una decisión compleja, cuando el objetivo está claro, con esto espero que tu objetivo sea vivir la vida a cómo debe de ser, la vida perfecta que es la que viene con imperfecciones porque en ellas es que te vas a moldear, en ellas es que vas a crecer, cada abolladura emocional es como una huella indeleble que dice el maravilloso viaje que has tenido hasta el día de hoy. Si aún no lo sientes maravilloso, entonces aun necesitas despertar, porque todo lo que te paso hasta hoy ha tenido el propósito de hacerte quien debes de ser, alguien que sabe trascender por en medio del dolor. Eso en sí mismo ya te hace alguien notable en el medio donde convives. Sin decir una sola palabra, muchos vendrán a ti preguntándote como hiciste para superar algo que ellos estarán pasando, entonces la vida misma te habrá dotado de las herramientas para poder ayudar a otros, para sentir que cada sufrimiento no fue en vano, sino que hoy te da propósito.

Tómalo natural, date esa oportunidad porque así es la vida, así es en mi vida, así es en tu vida. Está bien, estar mal.

12. Lo Positivo de Ser Negativo

Investigaciones recientes han demostrado que el pensamiento negativo, si se usa de manera estratégica, también puede acabar resultando beneficioso para quien lo practica.

Cuando intentas persuadirte de que todo se resolverá para bien, corres el riesgo de reforzar la creencia tácita de que sería completamente catastrófico que eso no sucediera. En cambio, si tratas el caso con cierta sobriedad y consideras lo mal que realmente puede ir, encontraras que tus temores disminuyen hasta tener un tamaño manejable.

El pensamiento más común y realista, que puedes tener es el de tu propia muerte, este ha sido empleado por los místicos para desapegarse de las preocupaciones humanas, a la vez que supone una invitación a la vida.

Ciertamente, muchos otros pensamientos catastrofistas no invitan a la reflexión, pero hay una sencilla técnica que puedes utilizar para deshacerte de ellos. Ante el posible escenario que te preocupa puedes hacer lo siguiente: Imagina qué es lo peor que puede pasar, el grado máximo de catástrofe. Trasládate ahora mentalmente a esa situación. ¿Qué harías?

Si no se trata de la propia muerte, cualquier otra cosa que suceda no es el fin del mundo. Recuerda que eres un ser adaptable que, seguro estas capacitado, si así te lo permites averiguar a realizar algo útil para tu supervivencia, como por ejemplo haber adquirido este libro, de la forma que haya sido, es una manera que la vida te está diciendo “estoy aquí, apúrate a vivirme ya en serio”. Por tanto, la vida desde lo objetivo no es más algo tan terrible. La ventaja de plantearte el comportamiento en el “peor escenario posible” es que, con toda probabilidad, sucederá algo menos malo y lo vivirás como un alivio, por el contrario si piensas que nada grave sucederá y sucede lo peor, aquello que ni siquiera imaginaste, sentirás que el mundo es un lugar terrible e injusto contigo (y aunque lo sea), tienes el deber de salir cada día a vivir tu vida con la valentía de saber que eres humano, que tienes derecho a caer y sentirte mal pero la obligación después del tiempo necesario de levantarte y seguir adelante.

La capacidad de prever “lo peor que puede pasar” para poner los medios necesarios y sobrevivir a la catástrofe es justamente una ventaja evolutiva del ser humano respecto a otras especies. Las ciudades de la antigüedad se amurallaban para protegerse del supuesto ataque de los barbaros y hoy día en las zonas sísmicas se construyen edificios capaces de resistir grandes temblores de tierra. Son medidas inteligentes que aportan seguridad y han ayudado a minimizar el desastre cuando llega. Y tú, ¿cómo amurallas tus metas para darte la oportunidad de protegerlas y cumplirlas?

Según estudios científicos, los optimistas tienden a fracasar más que quienes viven con una pizca de pesimismo. ¿Cuál de estas dos mujeres en dieta va a obtener mejores resultados? ¿la que imagina que evitara las comidas chatarras, frituras y postres y se proyecta delgada y atractiva en un mes? o ¿la que visualiza teniendo un gran esfuerzo resistiendo la tentación de comer, que reconoce hay un largo camino que recorrer, pero que aprovecha eso para saber dónde no ir para evitar en un inicio la tentación? La mayoría respondería que la persona positiva bajará más de peso, pero la sorpresa es que, en la vida real, las que conciben un resultado más negativo son las que logran llegar más lejos en sus aspiraciones.

Con este apartado quiero ayudarte a desvirtuar, uno de los mensajes más poderosos pero falaces de la sociedad moderna: que mirar el lado bueno y enfocarse con fuerza en la meta es garantía para obtenerla.

Este tipo de optimismo ha sido promovido en libros de autoayuda como El secreto, que pregonan que los pensamientos positivos son recompensados con felicidad, riqueza, sabiduría y éxito, del cual ya hacía referencia antes. Pero lo que la ciencia ha encontrado en sus estudios es que ser positivo sobre el futuro no es suficiente para alcanzar los sueños. No basta la letra sin la acción, no basta el pensamiento sin la acción. Es una fe poco sustentada en la realidad, sino en una ficción mental que lamentablemente tiene acaparada las alienadas mentes modernas, que creen que las cosas se obtienen solo estirando la mano para recibir porque así lo pienso, o porque así estamos acostumbrados en este hemisferio donde solo basta llamar al familiar en el exterior para pedir dinero y que él lo mande. Solamente digo que esa estrategia no basta y no debería por ende tenerse como único recurso.

No hay nada malo con soñar despiertos, al fin de cuentas es un ejercicio bueno según para qué y cómo se use. Fantasear genera placer y da la oportunidad de explorar alternativas para el futuro. También sirve para estar optimistas mientras se espera algún resultado, como el de un examen cuando se está ansioso, lo cual calma momentáneamente la emoción, pero no tiene injerencia en el resultado, por inercia estamos preparados para recibir el que te favorezca, mas no así para el que no te favorezca y allí encuentro el dilema de tus problemas y el de la mayoría. En general soñar es bueno cuando no se necesita actuar o no se tiene control sobre un resultado determinado.

Pero si tu meta es comprar un carro o conseguir trabajo, tener estas fantasías positivas es problemático porque esas imágenes te relajan, pero no proveen la energía y el esfuerzo necesarios para ayudar a conseguirlos.

Esto sucede porque la mente no distingue entre la realidad y la imaginación y en ese sentido visualizar la meta hace creer al individuo que ya la consiguió. La psicología ha constatado en numerosas ocasiones, que cuando los individuos solo sueñan con un futuro positivo en cualquier área de la vida, obtienen peores resultados porque en sus mentes ya lo han logrado. El pensamiento positivo es muy seductor porque es como tener de inmediato el cielo en la tierra. ¿Para qué vas a hacer más si ya puedes disfrutar de eso en tu mente y sin límites?

En experimentos durante los últimos 20 años siempre han llegado a la misma conclusión. En uno de ellos, por ejemplo, se reclutó a 103 estudiantes que tenían un amor platónico por una compañera de colegio. Aquellos que soñaron que ellas les corresponderían estaban aún solos meses después del experimento. En otro estudio con 83 estudiantes de posgrado, aquellos que fantasearon más con su trabajo ideal y ascensos vertiginosos resultaron ser menos exitosos. Así mismo, los alumnos de una clase de administración de negocios que tuvieron fantasías positivas de su desempeño en la materia, al final tuvieron más faltas de asistencia y peores notas. Incluso al revisar los discursos de los presidentes de varios países desde 1933 hasta 2009, encontró que los que fueron más optimistas acerca del futuro tuvieron más desempleo en su administración.

Aunque muchos creen que ponerle una dosis de pesimismo a un sueño es como echarlo a perder, de ahora en adelante tú lo consideraras útil porque al visualizar las piedras en el camino veras si son superables o no y si estás dispuesto a elaborar el plan de acción que se requiere para cuando el inconveniente aparezca. Si el obstáculo piensas sinceramente que no lo puedes vencer tendrás que revisar la meta y cambiarla por una más realista. Un poco de pesimismo es lo ideal. Demasiado sería malo porque la obsesión con los obstáculos puede ser tan perjudicial como no tenerlos en cuenta.

Lo más importante aquí es que seas muy honesto con los obstáculos, pues la mayoría de ellos no están por fuera de ti sino dentro, e identificarlos con honestidad es clave para que tus sueños se cumplan. También es importante que sepas si las metas propuestas son las que realmente deseas. Muchas veces has fracasado porque no has tenido bien claro lo que has querido. Y en este punto toma un tiempo a diario para reflexionar sobre el resultado esperado, principalmente a final del día esto crucial para saber que evitar el siguiente día, cuando tendrás la misma oportunidad de avanzar en la consecución de tu meta. Aquí es donde soñar sí cobra importancia. Porque ayuda a identificar lo que te pertenece y a descubrir lo que no es para ti.

Los expertos afirman, que a veces el pesimismo puede ser beneficioso para el bienestar físico y mental de una persona. Algunos estudios descubrieron que tener una perspectiva más negativa del futuro, podría tener como resultado una vida más larga y saludable. El pesimismo y el optimismo son extremos opuestos de un espectro de rasgos de personalidad, y la gente debería estar en el medio.

Con demasiada frecuencia en la literatura y la conversación pública, se quiere que la gente sea más del 90% optimista, eso no es bueno. Es mucho mejor tener una perspectiva equilibrada y alguna dosis de pesimismo en la personalidad para tener éxito.

De todos modos, sigue siendo un mundo optimista. La visión que prevalece en la psicología positiva, acerca del estudio científico de cómo hacer más feliz a la gente es que el optimismo produce mejores resultados de salud, físicos y mentales. Dicha asociación ha ayudado a generar una industria de libros, seminarios y conferencias sobre el optimismo, que al final solo se quedan en palabras que se sienten bien mientras dura la conferencia o la lectura del libro, cuando te toca enfrentar tus dificultades, esa emoción hace tiempo que no está contigo, ni siquiera sabes cuando la perdiste y mucho menos donde la dejaste para ir a recuperarla.

Un estudio publicado en la revista Psychology and Aging, descubrió que las personas de más edad con posturas pesimistas sobre el futuro tenían mayores probabilidades de vivir más y con mejor salud que quienes tenían una perspectiva más optimista. Los investigadores usaron datos de una encuesta con representatividad nacional en Alemania de unas 11.000 personas. Entre otras cosas, les preguntaron cuán satisfechos estaban con sus vidas y cuán satisfechos pensaban que estarían en cinco años.

Al analizar las respuestas de los participantes de más de 65 años, unas 1.300 personas en total, los investigadores descubrieron que la probabilidad de sobrevivir o conservar una buena salud aumentaba alrededor de 10% para quienes era más pesimistas.

Quienes fueron defensivamente pesimistas sobre su futuro pudieron pensar en que les quedaba poco tiempo de vida entonces decidieron invertirlo de una forma inteligente y satisfactoria para ellos, fueron más proclives en invertir en medidas preparatorias o preventivas, mientras que los optimistas no pensaron en esas cosas, con lo cual yo pienso que podrían atenerse a esperar un tiempo que no saben con certeza si lo tendrán, por consiguiente, no hacer lo posible por disfrutarlo.

Un motivo por el que puede ser confuso evaluar el optimismo frente al pesimismo, es que los rasgos suelen depender de circunstancias externas. Si se es pesimista de una forma podrías ser optimista de otra, lo importante es buscar el equilibrio y sacarles el mayor provecho a ambas situaciones.

13. Cuatro pasos para el éxito

Esta es la estrategia Woop, que en estudios clínicos ha probado ser efectiva para lograr metas por pequeñas o grandes que sean. El método no toma más de cinco minutos.

1. Deseo: El primer paso es identificar el objetivo y para ello se requiere que el individuo sienta que es posible. Seleccione el más importante y manténgalo en su mente.

2. Resultado: ¿Cuál es la mejor consecuencia que se asocia con ese deseo? ¿cómo se sentiría si lo logra? Visualice de manera vívida ese momento y manténgalo en su mente por unos minutos.

3. Obstáculo: Inspeccione en sí mismo qué lo frena para realizar el sueño, qué emoción o comportamiento se interpone en el cambio. Una vez identificado imagínelo de la manera más realista por un par de minutos.

4. Plan: ¿Qué se puede hacer para vencer ese obstáculo? Piense en una acción efectiva para lograrlo y haga un plan. Escriba o diga el obstáculo y el comportamiento para sobrellevarlo.

Ejemplo:

Técnica del Contraste

Recuerda que la Técnica del Contraste, se llama así debido a que denota un contraste entre lo que NO quieres y lo que, SI quieres, y como vas a ver a continuación, la manera como contrastar todo lo negativo, convertirlo en positivo, y contar con un derrotero accionario que te permita guiarte a través del camino necesario para el éxito. Escribe a continuación en la columna izquierda todo aquello que NO Quieres. Y al lado derecho, realizas la transformación de dicha frase, en lo que SÍ Quieres pensando en cómo lo conseguirías.

Área: ______________________________

Lo Que No Quiero	Lo Que Si Quiero

Conclusión

Luego de esto, es necesario que concluyas que es lo que necesitas hacer para lograr todo lo que SI quieres. Piénsalo muy bien, en un ambiente tranquilo y trata de escribir esta respuesta a continuación con cabeza fría, y centrado en tus deseos de forma positiva. Luego, simplemente será cuestión de que seas fiel a ese plan de acción simplificado que definas desde hoy.

Anotaciones:

14. Por qué amar tus errores te llevará al éxito

El sistema actual nos ha metido en la cabeza que el error es algo horrible que debemos evitara toda costa. Que es algo de lo que nos debemos sentir avergonzados, ocasionando que cada vez que nos equivoquemos, nos enojemos con nosotros por lo sucedido.

El error es una de esas cosas de la vida que jamás podremos evitar y que si lo piensas es algo maravilloso, sin embargo, es mal visto por la sociedad. Te ven fracasar y te atacan con negatividad para hacerte sentir mal por tu error, por tu fracaso.

Siempre que te equivocas la gente solo te recrimina, de los errores nacen grandes cosas, pero como te avergüenzas de ellos, entonces por eso no has conseguido grandes cosas. Ciertamente para llegar al éxito debes cometer los errores necesarios para tu crecimiento personal y profesional. No seas duro contigo mismo cuando te equivocas y cometes errores, piensa que jamás se deja de aprender, pero siempre mantén la disposición de poner finalmente en práctica la lección aprendida, principio de humildad.

Cuando empezó a aparecer la idea de este libro, como que todo se alineo para poderlo realizar, claro la idea allí estaba, pero de pronto mis pacientes venían con situaciones que me recordaban sobre esta idea y así también se juntaron cosas, situaciones y personas sobre el mismo tópico, entonces no fue tan difícil, por así decirlo, ponerme a escribirlas. Entre esas cosas que aparecieron, hubo una en particular que decidí reproducirla íntegramente abajo y que tuve que agregar a mis marcadores como favorito, para no me pasara como otras cosas que veo y pienso en leerla más tarde, pero que se pierden en la montaña de publicaciones en las redes sociales y que pareciera que las sepultan para que uno no las vuelva a encontrar tan fácilmente.

El artículo es de un joven consultor español de nombre José C. Soto de quien en un principio pensé que era un hombre de mayor edad por la reflexión tan profunda que hizo acerca de la poca gestión que le damos al error. Entonces decidí integrarlo aquí en este libro citándolo como el autor de la misma:

En los últimos años, como líder de equipos, me he dado cuenta de un grave problema que aqueja a las nuevas generaciones. Hablo de ellas porque mis equipos siempre están formados por personas jóvenes, incluso más que yo, que compensan su falta de experiencia con buenas ideas, frescura y una gran energía en el trabajo. Desconozco si las generaciones anteriores a la mía (nací a mediados de los 80) también sufrían estos males, pero yo puedo hablar de lo que conozco y veo en mi día a día.

Veo que existe una enorme incapacidad para lidiar con la adversidad. No sabemos trabajar con el error. El error forma parte de nuestra vida diaria, es más puede ser uno de nuestros mejores aliados, pero en los últimos tiempos se ha demonizado. El sistema educativo "moderno" (y lo entrecomillo, porque de moderno no tiene nada) está basado en la calificación dual: baja es mala, alta es buena. El error se persigue, se penaliza, y es sinónimo de vergüenza y exclusión.

Pero el error está íntimamente ligado a nosotros. Es gracias a su existencia que el hombre dejó de vestirse con pieles y de vivir en cuevas, y logró llegar a la luna y curar raras enfermedades. Todo progreso necesita un aprendizaje, un perfeccionamiento, y este solo es posible explorando todos los caminos posibles. También aquellos que no llevan a ninguna parte. Porque si no, ¿cómo sabríamos que no llevan a ninguna parte? Todo progreso necesita un aprendizaje, y solo es posible explorando todos los caminos posibles.

El error, ese eterno incomprendido. Sin embargo, el entorno brutalmente competitivo en el que hemos convertido nuestra sociedad nos ha vuelto intolerantes con el error. Lo repudiamos, lo tememos y lo despreciamos. Lo asociamos con el fracaso, y el fracaso con sentimientos de tristeza o enojo. El fracaso hace que nos regañen nuestros superiores y clientes. El fracaso nos puede llevar a la ruina económica. El fracaso puede hundir nuestra vida.

Pero el error no es malo, y deberíamos afrontarlo como lo afrontaba Edison: No fracasé 1,000 veces, sólo descubrí 999 maneras de cómo no hacer una bombilla. No somos capaces de ver su verdadera naturaleza, y eso nos está frenando.

Hoy no sabemos lidiar con el error, ni con las adversidades que comporta, y que no son otra cosa que el motor del progreso. La presión nos destruye y paraliza. Los problemas inesperados nos bloquean. Los reveses nos deprimen.

Los psicólogos y coaches proliferan como setas, tratando de ayudar a una generación de personas hundidas por adversidades de las que se hubieran reído sus propios abuelos. La sociedad es hoy más frágil. Por eso son tan valiosas las personas que saben trabajar en entornos hostiles.

El cine nos ha hecho construirnos una fantasía, en la que todas las oficinas son lugares donde uno va a divertirse y a disfrutar. Y no hay nada más lejos de la realidad: puedes pasarlo bien en tu trabajo, pero si quieres llegar al éxito, la mayoría de los días son de lucha y escalada.

Ninguna apariencia es tan real como queremos creer. Pregunta a cualquier trabajador de Google si su día a día consiste en dormir siestas, ir al gimnasio con sus compañeros y deslizarse por toboganes mientras se le ocurre "The Next Big Thing". La realidad puede sorprenderte.

Debemos, por tanto, aceptar que la vida, a veces, es dura. ¡Es dura, es fea, es sucia! Necesitamos una piel y unos nervios de acero para progresar. Y solo progresaremos cometiendo errores. La perfección no provoca avances. De hecho, si existe, solo es como el final de un camino. Pero hay más por explorar. Hay más tropiezos que dar.

Abracemos la imperfección que abre nuevas puertas. Aprendamos a amar el error. Aprendamos a amar el error como motor de progreso. Nunca se ha avanzado desde la perfección.

15. Metáfora del autobús y los pasajeros

Imagina que tú eres el conductor de un autobús con muchos pasajeros. Los pasajeros son pensamientos, sentimientos, recuerdos y todas esas cosas que uno tiene en su vida. Es un autobús con una única puerta de entrada, y sólo de entrada. Algunos de los pasajeros son muy desagradables y con una apariencia peligrosa.

Mientras tu conduces el autobús algunos pasajeros comienzan a amenazarle diciéndote lo que tienes que hacer, dónde tienes que ir, ahora gira a la derecha, ahora ve más rápido, etc., incluso te insultan y desaniman, eres un mal conductor, un fracasado, nadie te quiere… Tú te sientes muy mal y haces casi todo lo que te piden para que se callen, se vayan al fondo del autobús durante un rato y así te dejen conducir tranquilo.

Pero algunos días te cansas de sus amenazas, y quieres echarlos del autobús, pero no puedes y discutes y te enfrentas con ellos. Sin darte cuenta, la primera cosa que has hecho es parar, has dejado de conducir y ahora no estás yendo a ninguna parte. Y además los pasajeros son muy fuertes, resisten y tú no puedes bajarlos del autobús. Así que resignado vuelves a tu asiento y conduces por donde ellos mandan para aplacarlos.

De esta forma, para que no te molesten y no sentirte mal, empiezas a hacer todo lo que te dicen y a dirigir el autobús por dónde te dicen, para no tener que discutir con ellos ni verlos. Haces lo que te ordenan y cada vez lo haces más, pensando en sacarlos de tu vida. Muy pronto, casi sin darte cuenta, ellos ni siquiera tendrán que decirte “gira a la izquierda”, sino que tú mismo girarás a la izquierda para evitar que los pasajeros se echen sobre ti y te amenacen.

Así, sin tardar mucho, empezarás a justificar tus decisiones de modo que casi crees que ellos no están ya en el autobús y convenciéndote de que estás llevando el autobús por la única dirección posible. El poder de estos pasajeros se basa en amenazas del tipo “si no haces lo que te decimos, apareceremos y haremos que nos mires, y te sentirás mal”. Pero eso es todo lo que pueden hacer. Es verdad que cuando aparecen estos pasajeros, pensamientos y sentimientos muy negativos, parece que pueden hacer mucho daño, y por eso los ignoras, pero sabemos ahora que no lograras así que se vayan o que dejen de perturbarte.

¡Intentando mantener el control de todos los pasajeros, en realidad has perdido la dirección del autobús ¡Ellos no giran el volante, ni manejan el acelerador ni el freno, ni deciden dónde parar! ¡El conductor eres tú! ¡Que no decidan tus pasajeros por ti!

No pelees con tus emociones, déjalas ser nada más. Pero recuerda también que hay más cosas dentro de ti que se deben trabajar, para que en medio del desorden dentro de tu “bus”, puedas mantener la dirección del mismo y seguir avanzando.

Con esta metáfora quiero subrayar que pensamientos y emociones son esenciales en nuestras vidas y que debes aprender a escucharlos mejor y mejor para vivir realmente (y no solo sobrevivir). Lo que intento trasmitir con esta metáfora es la importancia de no identificarte con ellos y también que a veces no “vives” por intentar evitar el sufrimiento. Por ejemplo: no saldré de casa por evitar la ansiedad; a la corta, sientes cierto alivio; pero a la larga, tu vida se reduce muchísimo; con lo que el sufrimiento que tratabas de evitar se instala contigo en la cama o en el sofá.

Tienes varias alternativas:

1. Discutir y decirle que se callen. Pero no se puede dejar de pensar en algo (intenta, por ejemplo, no pensar en un elefante rosa), es decir, no podemos callar el pensamiento, y, además, podemos perder de vista nuestra carretera y tener un accidente o chocar.

2. Hacerle caso y desviarte. Pero no llegaras nunca a dónde quieres ir.

3. Escuchar su amenaza pacientemente y no hacerle caso a las acciones que te proponen para evitarlos. No podemos dejar de escucharlos porque chillan mucho, pero se trata de seguir conduciendo por la carretera por la que quieres ir. De esta forma te habituaras a la ansiedad que te provoca su amenaza. Finalmente, si lo cuestionas haciéndoles preguntas del por qué actúa así, el pasajero molesto no sabrá responderte (las emociones no son racionales) entonces se sentará tranquilo en el fondo del autobús, aunque de vez en cuando volverá a darnos la lata".

¿Qué eliges tú, estimado lector, conductor de tu propio autobús con tus propias voces? ¿Conduces para avanzar hacia dónde quieres ir a pesar de tus emociones y sufrimientos o conduces para evitar sufrir? ¿Vives o sobrevives?

16. Conclusión

Sal del bunker sombrío y tenebroso en el cual te has escondido junto a tus emociones, allí estas aparentemente seguro, pero jamás te conocerás, ni sabrás de que se trata la vida verdadera.

¡Sal a vivir! ¡Vive Aquí! ¡Vive ahora! ¡Vive siendo honesto contigo!, ¡Vive siendo claro contigo!, ¡Vive siendo sincero contigo! ¡Vive tu verdad!, ¡Vive tu naturalidad!, ¡Vive tus emociones! ¡Vive luchando a pesar del dolor, la desilusión o la injusticia! ¡Tú Vive!

Pero vive de manera extraordinaria (que es tan sencillo como dejar de vivir a como la gran mayoría vive, sin conocerse), aunque por fuera solo te veas ordinario como todos. Eleva tu mente, sal de donde tu mente te tiene secuestrado, de donde la mentalidad del mundo falsamente positivo te tiene prisionero y temeroso de ti mismo. Porque seguro es que llegara el día en que tu vida vaya al encuentro de su final, como la de todos los demás y al hacer un recuento de ella, ¿lograras sentirte orgulloso de lo que has vivido? ¿Te sentirás satisfecho y en paz?

Nada es tan terrible como llegar al final de tu vida y darte cuenta que en realidad no viviste, solo sobreviviste, aquí estuviste, pero nada dejaste, ningún rastro quedará, ¿Cuál será tu legado? ¿Te recordaran como alguien que siempre lucho?

Así que cáete, levántate, ríe, llora, canta, baila, ahora, antes de que no puedas hacerlo. Recuerda siempre, que no hay problemas, son lecciones y que está bien, estar mal.

Te espero con comentarios:

Lic. Róger Alfredo Martínez
Psicólogo Clínico
Granada, Nicaragua.

Entre los servicios que ofrece Psicólogo Martínez están:

- Valoración Psicológica clínica presencial
- Psicoterapia individual, grupal y de pareja
- Análisis de dictámenes forenses
- Coaching para desarrollo personal y profesionales
- Seminarios, Conferencias y Talleres vivenciales
- Consejería
- Evaluación para la elección de carrera
- Tratamiento especializado en ansiedad, depresión, alcoholismo y adicciones
- Atención online por medio de video llamadas

Puedes agendar consultas a distancia por medio de cualquiera de sus redes sociales. La terapia online es una opción de consulta tan válida como la presencial, de hecho, presenta ciertas ventajas respecto a la terapia convencional.

- Comodidad: la terapia online evita desplazamientos que a veces pueden ser molestos, sobre todo si en el área no se cuenta con un profesional altamente calificado como lo es Psicólogo Martínez. También facilita a personas con algún impedimento físico poder recibir atención de calidad. Solamente se necesita que la persona se encuentre en un espacio privado, donde pueda expresarse libremente y también pueda dejar fluir sus emociones sin ningún inconveniente.
- Intimidad: la terapia online garantiza, si así lo desea el paciente, un ambiente de anonimato, por lo cual personas que

no se sienten cómodos hablando de sus situaciones cara a cara con un profesional puedan sentirse más cómodas.

- Confianza: la consulta online establece los mismos niveles de confianza y responsabilidad que en la consulta tradicional. Además, propicia también que el paciente pueda estar en un ambiente que lo percibe como seguro, como lo podría ser su propia casa, oficina u otros sitios pertinentes. Esto proporciona a la persona una sensación de control y familiaridad en la terapia.
- Seguimiento continuo: las terapias online con Psicólogo Martínez permiten un contacto más continuo, puesto que estas incluyen apoyo entre sesiones, lo cual no limita la sesión únicamente a una hora, sino a un seguimiento y apoyo en la evolución del paciente luego de finalizada la sesión acordada.
- Cualquier persona, en cualquier parte del mundo con acceso a Internet, ya sea en español o Inglés, puede ponerse en contacto con Psicólogo Martínez y tener una consulta. Por lo tanto, si por motivo de viajes debes salir del país, puedes continuar con tu tratamiento psicoterapéutico. Además de aquellos que viven en el extranjero igualmente pueden optar por llevar sesiones profesionales con Martínez.
- Horario flexible, este tipo de terapia permite acordar horarios convenientes para el paciente, sin tener que interferir con sus actividades cotidianas. Estos generalmente son fuera de horario de oficina que facilita la adaptación a las necesidades del paciente.

Las nuevas tecnologías han cambiado la forma de relacionarnos, comunicarnos e informarnos. Por ello, ahora es posible realizar una terapia psicológica de calidad desde tu casa a través de Internet, o por teléfono si lo prefieres.

Si definitivamente te decides por hacer terapia online, tendrás que ponerte en contacto con Psicólogo Martínez y él te explicará los pasos a seguir. Abajo encontraras todos los medios de contacto para que me escribas. Te espero.

Lic. Róger Alfredo Martínez
Psicólogo Clínico
Granada, Nicaragua.
WhatsApp Nicaragua +505 85849784
WhatsApp Costa Rica: +506 60658108
www.psicologomartinez.com
psicologomartinez@aol.com
Facebook: Psicologo Martinez
Twitter: @PsicologoCli
Skype: Psicologo Martinez
Instagram: Psicologo Martinez

Llega un momento en el cual estas a solas con tus emociones, las ves y estas parecieran montañas insuperables

¿Qué hacer?

¡VIVIRLAS!

Inteligencia Emocional con

Psicólogo Martínez

www.ingramcontent.com/pod-product-compliance
Lightning Source LLC
LaVergne TN
LVHW050326160826
845677LV00014B/3545

* 9 7 9 8 3 7 1 5 1 4 5 6 1 *